用塔羅寫日記

關於生活的78種覺察

孫正欣／著

圖像中的隱喻與現世浮生

我得承認，正欣雖是我薩滿工作坊的學生，而關於塔羅，無論學習、實務經驗，以及在生命經驗中的領會，都比我豐富且深刻得多。因此，當她邀請我為她的新書寫推薦序，雖然滿心喜悅地答應，一提起筆卻不由得心虛起來。但旋即為書頁中字跡娟秀的手寫日記裡，那溫暖自省的文字所觸動。伴隨在一旁的牌卡，則以精練簡潔的意涵作為隱喻，讓人了解她生活中的迫切現實、追尋與體悟。我們可能透過敘事去理解，但卻藉由圖像去記憶。於此，她在書中做了最佳的詮釋。

作為住在一個沒有氣質的城市裡的書呆子，以及把書視為守護者與摯友的挑剔讀者，我無法想像關於塔羅的書寫變成執拗難懂的玄學與秘教奇想，或是成為逃開被冷硬現實塵覆的凡心的占卜工具書。我所喜愛的學者亞瑟・愛德華・偉特（A. E. Waite），在自傳中陳述自己在詩中發現世界，在魔法中領悟靈魂之道。終其一生，他孜孜不倦地探索各種神祕傳承，魔法、神智學、神祕學、煉金術、玫瑰十字會、聖杯傳說、卡巴拉、共濟會、深刻且鍾愛地以懷疑論者的視野，釐清其中的矛盾與誇大的說法。他發現有一個共同的中心主題在這些傳承之中：人因重大的失落而受苦，且心裡也因渴望重新獲得失落的瑰寶而備受煎熬。在深埋的某處，這些珍寶依然存在。問題在於如何找到抵達的神秘道途。在他晚年回顧所有出版過的鉅著中，與帕美拉・科曼・史密斯（Pamela Colman Smith）女士共同創作的，用來轉換黃金黎明會的儀式成為密契真理的載具——塔羅，卻是成果最豐碩的小品。

正欣透過以塔羅寫日記的方式，去反芻與覺察一天的生命歷程，期盼能帶來洞見與改變。依我之拙見，正是要超越個人對其所處環境的壓力，與對事實視而不見的自然傾向。這是個關乎恰當判斷力、善意與某種勇氣的問題。這種視而不見的傾向，是一種誘惑，它源自我們的直接利益和各種問題在我們心中引起的恐懼。也許，最深的根源是這樣一種感覺，感到奇妙的生命正在無可阻擋地消逝、飛馳與溜走，以及希望在它飛逝時逮住它的願望。偉特在生過一場失去意識的重病兩個月後，經歷了一種和諧感，深深地融入密契真理之中，發現存在（人類的、神性的、自然的）即是記憶。個性的侷限，即自我的貧乏與桎梏，而一個永遠受限的個體，卻包含眾多可能的命運，以及交織著其他人類的生命、大地、眾生、一切。

正如神祕學大師保羅・佛斯特・凱斯博士（Dr. Paul Foster Case）所說的，要成功運用塔羅的首要條件是探尋內在之光的動力。在這本細心完成且有著樸實巧思的書中，正欣以自身的歷程引領我們，從凡常生活中的點點滴滴往內在探尋，學著去體會單純生命中的童趣與喜悅之光。

誠摯地推薦給大家！

城市薩滿／執業牙醫師／臼井靈氣治療師 李育青

臺灣第一本「塔羅日記」專書問世

在臺灣提到塔羅牌，大部分人立刻想到的都是占卜，少數人可能會知道塔羅牌也和儀式魔法有關，不過這本塔羅書與上述兩種功能都無關，而是將塔羅牌當成生活覺察的工具；早在二十年前丹尼爾出來教塔羅牌的時候，就不斷在塔羅占卜入門班當中推廣塔羅日記的練習，隨著許多學生也出來開課教學，塔羅日記也演化出各種不同的做法及應用。

孫正欣老師的這本「用塔羅寫日記」是第一次有人用中文將這個理念呈現出來的專業著作，當中不但很清晰地解釋了塔羅日記的理念及做法，更重要的是她將許多個人的感受及體會和大家分享，你會在許多案例當中看到，原來有這樣困擾與掙扎的人不只有我一個，進而從當中看到自己可以改善突破的要點。

大約十年前開始就不斷有學生要求丹尼爾寫一本與塔羅日記有關的專書，但是由於太忙一直都還沒完成，雖然孫正欣老師的寫作方向與我所構思的有很大不同，但是至少當再有學生問起塔羅日記是否有專書可參考時，我可以很開心的和他們推薦，看這本就對了。

塔羅教父丹尼爾

駐足，再共舞

如果說占卜是在一段未知的路上，射出探照燈探探路，再決定要不要踏上旅途的一個過程；那我所認識的正欣帶來的將不只是為你探路，而是「與你同在」的思考與分辨：我為何在這條路上？這條路是我選擇的亦或是我創造的呢？

長年居住於後山花蓮，天天與海洋大山朝夕相處的正欣，沒有想像中塔羅仙子般仙樂飄飄的一身仙氣。在她身上能感覺到的是扎根土地後的醇厚穩定，再帶點隔壁大姊的人味兒。我想，就是這樣的氣息才造就了她不虛無飄渺的給你指路，而是與人一起回歸自我、體會生活，再好奇無限可能性的風格。

如果你已經厭倦了每次占卜之後的欣喜若狂或是提心吊膽，那我強烈的推薦你一起和正欣來探索塔羅牌背後的生命哲學。對我而言，牌卡的意義從來不是書上記錄的解釋，而是當事人與牌卡或牌陣的圖像、隱喻、串聯性、共時性揉合後共鳴出的個人創造，而這個創造的詮釋充滿了自我的覺察與智慧。我特別喜歡正欣詮釋牌卡的全面性以及書中敘述的對話感，讓人感受到陪伴與支持之餘，每一個日常覺察與正念心法都是一個讓我們能與自己同在的機會。

生活持續地向前奔跑著如同一陣悠揚的風，且讓我們微微駐足，順著風抓取飄揚在風中的隻字片語，再繼續與風共舞吧！

上海默娘文化療癒總監/音樂治療師 林威宇

走進塔羅的花園

說真的，算命我不行，但覺察我很可以！何況是學習78種自我覺察的方法。身為一位園藝治療師，同時要學習去了解人和植物的需求，懂得運用植物和大自然的療癒力，協助人們跨越生命的挫折障礙困難。其實說穿了，這個工作也是在療癒自己。

在學習與養成中，上過許多課程，不知為何卻從未動過學塔羅的念頭，直到在學習成為一位薩滿的課程中，李育青老師透過塔羅牌教大家如何檢視生理系統，這個有趣的經驗是我與塔羅驚喜的第一次相遇。更棒的是，那時身旁的夥伴就是擁有塔羅專業的正欣，這似乎是在告訴我：學塔羅的時候到了！

我私下好奇問她如何進行塔羅教學，依然記得她當時的回答：塔羅的目的不是在給一個答案，而是將無意識層面的訊息帶到意識層面，提升對自己的認識與覺察，進而走上自己的征途。我很驚訝，這和園藝輔助治療以及許多輔助性療癒工作的核心價值是完全一致的！也促成我在工作的「象山農場」開設《塔羅初階：關於生活的78種覺察》課程。

課程中，透過正欣的細心講解，每一張牌都是一個全新又熟悉的世界。還記得當時回家的作業是，每天一早抽牌，晚上寫日記，以其中一篇作為分享：

2019/02/08 死神牌

「不知為何，今天心情有點鬱悶，腦子裡很多想法，大多關於工作和人生。有一點想放棄遠離的厭世感。…………雖是假日，農場卻來了很多人一起農作，準備即將到來的課程，很熱鬧，但我始終有種抽離感。繼續拔草的動作，有一刻突然和農場對話，請大地媽媽給我力量。就在那一刻，空氣突然靜止，接著一陣風吹了過來，感覺體內的沉重能量往土地移動，我知道我得到了回應，心中滿是感謝！」

正欣是我的薩滿好同學，也是啟蒙我進入塔羅世界，愛上塔羅的好老師！這本書不只是本工具書，更是她真誠的活著，真誠的覺察自己，真誠的善待他人所開出的花朵。好美！好香！

園藝治療師 蔡祐庭

她是淡藍色的，帶著海洋的柔軟能量，擁有讓人安心的療癒魔法！

在我的音樂旅程中，一直對奇幻世界有著許多嚮往及信仰。我深深相信魔法的存在，那是一種相信的力量。不一定要飛行或是隱形，但能安撫，讓人感到踏實安心，那也屬於某種真實存在的白魔法吧！

我和Alisa的相遇是透過催眠師的課程，她住在離海很近的地方，好像海的女神。長髮和衣服都飄逸，說話輕輕的，卻很真實。她是淡藍色的，帶著海洋的柔軟能量，擁有讓人安心的療癒魔法。

我們很偶爾才見一次面，但時常透過訊息分享彼此的生活。而生活中總是會有那麼一些怎麼用理性邏輯，甚至過往經驗去分析推理，都無法清晰看待的問題或糾結。這時若能放下自己，讓宇宙的自然能量引導，從中尋找訊息，通常都會有些意想不到的方向產生。未必是答案，但確實是當下一個非常重要的提醒、參考或指引。而占卜就是一種很溫柔的陪伴和支持，也給予所需要的同理。但與怎麼詮釋或解讀這些牌卡的療癒師也很有關。

我有幾次印象深刻的占卜經驗都是Alisa為我解牌的，不光是回頭看準確度，而是當下所給予的宇宙回應，都給了我新的刺激，靈感和勇氣。

如果音樂是我的某種療癒能力，如果每個療癒師都需要一個療癒師，Alisa就是我的心靈療癒師，恭喜妳/你，她也即將成為妳/你的。

音樂魔法師　Peggy許哲珮

為生活加入「錢幣七」的自省與想像！

抽了一張牌，想為這篇推薦序獲得一些靈感，得到一張錢幣七，我笑了！那真是我當初正式學習塔羅牌的契機呀。

節目製作主持的工作豐富有趣，但十幾年來持續的訪問、剪輯，為特殊節日設計活動的日子，不免還是感到有點彈性疲乏，因而萌生了斜槓發展的念頭，這張牌，好符合我當時接觸塔羅牌的心境。

後來，我並沒有成為職業占卜師，但卻在塔羅的世界裡以不同面向重新檢視了自己的生活和念頭。跟著正欣學習了一段時間的塔羅，初期對於解牌還是有些疑惑和挫折，她提醒我，不如放輕鬆，每天抽一張牌，不為占卜，只是去看看這張牌和今日生活的關係，也許有機會更深刻地去理解一張牌的意義。後來我養成了每天晚上睡前抽一張牌的習慣，看著牌卡中的每個細節，包括人物表情、物件、符號、顏色和整體的氛圍，試著去連結這一整天所遇到的人事物，回頭翻閱那段時間的塔羅日記，似乎是這幾年忙碌工作中很珍貴的一段生活紀錄，也是一些靈感的萌發源頭！

市面上塔羅牌教學書籍不少，但這本以自我覺察為主軸的作品，有著溫暖的文字和深刻的自省，更貼近了塔羅牌本身的意義。塔羅牌沒有絕對的好壞牌，而是中立傳遞著宇宙的訊息，牌卡中的每個畫面都是宇宙善意的提醒和支持，當你把念頭放鬆，心打開，你會知道自己一直被愛著。

這本書來得是時候，提醒我該重啟我的塔羅日記了！

廣播金鐘主持人/口語表達講師 朱家綺

願塔羅的智慧陪伴你的日常

從小，我就很愛寫作，比起說話，我更喜歡用文字來表達自己。每當我開始寫作，不需思考架構，也用不著打草稿，文字就會自然而然從指尖流洩，躍然紙上。當腦袋打結、迷惘困惑之時，我習慣把心中的想法一五一十寫出來，無形之中梳理了混亂糾結，不知不覺就寫出問題的解答。寫作是我的「神奇時刻」，也是自我療癒的良藥，我在書寫中與自己對話，同時樂在其中。

我始終相信，這輩子我肯定要寫一本書（或很多本），但從沒想過會是塔羅書。直到2019年初的某一天，我坐在工作室的電腦前，回想過去曾任文字編輯、房地產文案、品牌行銷、網路記者寫手……，塔羅個案諮詢與教學的這幾年，是我做最久，也最開心的一段職涯，是否該為此留下紀錄？書名頓時浮現腦海，我著手開始紀錄當天抽到的「錢幣一」，兩個多月之後，我完成了最後一張牌「太陽」。在這八十四天裡，每天醒來都不禁懷疑自己，我的文字有人想看嗎？能如願出版嗎？懷疑夠了我就坐下來，開始寫作，記錄當天的塔羅日記。

完成這本書的日子裡，我重新走過「愚人的冒險之旅」，也再次深刻領受偉特塔羅78張牌的智慧教導。透過書寫，我開啟與靈魂的對話，一次次看見意識深處的恐懼不安、焦慮懷疑，對應當日的塔羅日記，我反省覺察，重新審視自我價值，認識「我是誰」。寫作對我來說反而是最輕鬆的部分，只要坐在電腦前，文思就如湧泉般源源不絕，帶領我乘著靈感直覺，深入內在的旅程。於是我越來越篤定，不論結果如何，這些文字有沒有機會呈現世人眼前，這段寫作的過程對我意義非凡，是我給自己40歲的禮物，也是我想跟大眾分享的觀點。

感謝麥浩斯出版社淑貞社長的信任，讓這本書「成為它自己」，一字一句完整呈現，也讓我盡情自在揮灑，不留任何遺憾地圓滿夢想。也感謝這大半年來家人的鼎力協助，先生青峰始終全力支持我所有決定，女兒若禾、維晞的獨立與體諒，讓我得以擁有足夠的獨處時間，能在寫作之餘同時兼顧教課、個案諮詢，在花蓮豐饒的土地之上，獲得充分的滋養，維持身心平衡和諧。最後，感謝學識淵博的丹尼爾老師，多年來的指導與身教，還有我的薩滿老師李育青醫師如大山一般，教會我穩定與扎根的功夫。

將這本書獻給你，親愛的讀者！願塔羅的智慧能陪伴各位在日常生活中，帶著不同以往的洞見與思維，認出充滿力量的自己，揮灑獨一無二的精彩人生。

孫正欣

目錄 CONTENTS

推薦序 (依照塔羅大牌抽牌順序決定)

圖像中的隱喻與現世浮生　李育青 …… 002
臺灣第一本「塔羅日記」專書問世　丹尼爾 …… 004
駐足，再共舞　林威宇 …… 005
走進塔羅的花園　蔡祐庭 …… 006
她是淡藍色的，帶著海洋的柔軟能量，擁有讓人安心的療癒魔法　許哲珮 …… 008
為生活加入「錢幣七」的自省與想像！　朱家綺 …… 009

自序

願塔羅的智慧陪伴你的日常 …… 010

前言

78張牌，78種生活覺察，踏上自我探索的旅程 …… 016

本書導讀

用塔羅寫日記，在生活中學習78種生命課題 …… 020
不只有卜吉凶！你的解讀視角，決定塔羅可以給你多少 …… 020
透過塔羅寫日記，反芻一天的發生 …… 023
本書使用方式：按圖索驥找到每日的智慧提醒 …… 025

大阿爾克納的內在世界：愚人的冒險旅程 …………… 033

揭開潛意識的面紗：參透個人內在原型與動力 ………… 034

0.愚人……………………………036
1.魔術師…………………………040
2.女祭司…………………………044
3.皇后……………………………048
4.皇帝……………………………052
5.教皇……………………………056
6.戀人……………………………060
7.戰車……………………………064
8.力量……………………………068
9.隱士……………………………072
10.命運之輪 ……………………076
11.正義 …………………………080
12.吊人 …………………………084
13.死神 …………………………088
14.節制 …………………………092
15.惡魔 …………………………096
16.高塔 …………………………100
17.星星 …………………………104
18.月亮 …………………………108
19.太陽 …………………………112
20.審判 …………………………116
21.世界 …………………………120

小阿爾克納的現實世界：顯化夢想的煉金之旅 …… 125

創造生命的實相：行動帶來的十個面向 ………………… 126

權杖一……………………………128
權杖二……………………………132
權杖三……………………………136
權杖四……………………………140
權杖五……………………………144
權杖六……………………………148
權杖七……………………………152
權杖八……………………………156
權杖九……………………………160
權杖十……………………………164

人際的交流互動：情感表現的十個面向 ⋯⋯⋯⋯⋯⋯ 168

聖杯一⋯⋯⋯⋯⋯⋯⋯⋯⋯170
聖杯二⋯⋯⋯⋯⋯⋯⋯⋯⋯174
聖杯三⋯⋯⋯⋯⋯⋯⋯⋯⋯178
聖杯四⋯⋯⋯⋯⋯⋯⋯⋯⋯182
聖杯五⋯⋯⋯⋯⋯⋯⋯⋯⋯186
聖杯六⋯⋯⋯⋯⋯⋯⋯⋯⋯190
聖杯七⋯⋯⋯⋯⋯⋯⋯⋯⋯194
聖杯八⋯⋯⋯⋯⋯⋯⋯⋯⋯198
聖杯九⋯⋯⋯⋯⋯⋯⋯⋯⋯202
聖杯十⋯⋯⋯⋯⋯⋯⋯⋯⋯206

洞悉生命的挑戰：危機影響的十個面向 ⋯⋯⋯⋯⋯⋯ 210

寶劍一⋯⋯⋯⋯⋯⋯⋯⋯⋯212
寶劍二⋯⋯⋯⋯⋯⋯⋯⋯⋯216
寶劍三⋯⋯⋯⋯⋯⋯⋯⋯⋯220
寶劍四⋯⋯⋯⋯⋯⋯⋯⋯⋯224
寶劍五⋯⋯⋯⋯⋯⋯⋯⋯⋯228
寶劍六⋯⋯⋯⋯⋯⋯⋯⋯⋯232
寶劍七⋯⋯⋯⋯⋯⋯⋯⋯⋯236
寶劍八⋯⋯⋯⋯⋯⋯⋯⋯⋯240
寶劍九⋯⋯⋯⋯⋯⋯⋯⋯⋯244
寶劍十⋯⋯⋯⋯⋯⋯⋯⋯⋯248

孕育生命的豐盛：物質世界的十種法則 ························ 252

錢幣一······························254
錢幣二······························258
錢幣三······························262
錢幣四······························266
錢幣五······························270
錢幣六······························274
錢幣七······························278
錢幣八······························282
錢幣九······························286
錢幣十······························290

16種性格描繪：侍者到國王之路 ······························ 294

權杖侍者··························296
權杖騎士··························300
權杖王后··························304
權杖國王··························308
聖杯侍者··························312
聖杯騎士··························316
聖杯王后··························321
聖杯國王··························324
寶劍侍者··························328
寶劍騎士··························332
寶劍王后··························336
寶劍國王··························340
錢幣侍者··························344
錢幣騎士··························348
錢幣王后··························352
錢幣國王··························356

78張牌，78種生活覺察，踏上自我探索的旅程

剛畢業出社會工作的那幾年，我透過催眠回溯開始踏入內在探索的道途。像是尋找回家的路那般殷切渴望，我沿著生命的軌跡撿拾靈魂的碎片，透過催眠療癒與ＮＧＨ催眠師訓練，揭開潛意識的帷幕，連結靈魂的本源，漸漸認出自己是誰。

過程中慢慢找回內在的原始力量，開啟了敏銳的感知力。2012年我因懷孕造成內分泌與免疫力失調，也因為過度敏感，陷入了身心的崩壞瓦解，我開始懷疑，過去的學習到底有什麼用？如果我連身體健康都無法控制，還好意思沾沾自喜，到底把這些靈性工具學得多好？當時正是我大量學習各類神諭卡與塔羅牌的時期，我試圖依循著偉特塔羅背後龐大的神秘學理論架構，為自己因過度敏感所造成的混亂迷惘找到定位，78張塔羅牌成為我最好的老師。與其從漫天訊息裡擷取和我有意義的連結，不如扎實地學習這套知識系統，映照生活中的種種發生，以深究經典牌義背後更深層的智慧導引。

每天抽一張塔羅牌，紀錄塔羅日記，成了我的日常覺察功課。

記得在那慘烈的2012年，我最常抽到的牌就是高塔、死神、寶劍九、寶劍十，我學會了一件事，最壞的狀況就是砍掉重練，只要還有心

跳，可以呼吸，人生就還有希望。偏執的信念、不適切的關係、不健康的生活作息、不和諧的人生態度，全部都可以打破、丟掉，重新來過。

好不容易小女兒生出來了，身體慢慢恢復健康，我發現自己在這一年的沉潛中脫胎換骨，宛如新生。我再也不因為自己擁有某些特殊的能力而驕傲自滿，在龐大的知識體系之下，我學會了謙遜和臣服，這都歸功於偉特塔羅的教導啊！之後我成為臼井靈氣與SSR古埃及靈氣治療師，得到美國ＮＧＨ認證催眠師執照，學習水晶能量療癒，一邊繼續進修塔羅牌的占卜技術與卡巴拉塔羅，這些熱切的學習動力都源自於興趣與內在探索，當時並沒有開業的打算，只是偶爾幫忙身邊的親友解惑，透過療癒協助他們恢復平衡而已。

直到我們舉家離開西部，搬到了大山大海的花蓮。我辭去了多年的文字工作，回歸家庭，回歸自然，我突然有種落葉歸根的踏實感。同時，我開始學習印加薩滿，內在信念又再面臨一次重大的翻轉。

有別於上次的天崩地裂，這次的蛻變反而讓我穩定扎根，平靜喜悅。薩滿的世界觀協助我重新定義自己，看待事物的角度也更加寬廣開放，中立客觀。我的薩滿老師李育青醫師時常教導我們Ayni的世界觀，即是一種「相互輝映的和諧」，沒有比較競爭，沒有追求卓越至上，每個人只是在自己合宜的位置上，和萬物保持和諧的關係，與周遭的一切共生共榮，彼此輝映。在這個傳承裡面我感到一種前所未有的自在和篤定。這也影響了我看待塔羅這套靈性工具的角度，在牌義解讀分析之餘，還多了更寬廣的詮釋角度。

學習薩滿的同時，因緣際會之下，我被幾個牌卡個案推出來開課，本來以為只是和幾位好朋友分享，沒想到一班接著一班，還與北京的中心合作開設了一系列網路課程，至今已邁入第三年。在這將近三十個線上與面授塔羅課程裡，我一面體會印加薩滿的世界觀，加上我傳承自神秘學教父丹尼爾老師那套嚴謹扎實的理論架構，慢慢整理出我自己的塔羅觀點。

我漸漸不去追求神準、精闢，而是提供學生跟個案溫暖的包容和支持，我把塔羅牌當作智慧的提醒，用中立的解讀，啟發他們突破以往的觀點，從更開闊的視野重新詮釋問題，以釐清生活的混亂，從困境中找回內在的力量。

開始認真備課教學，把多年的學習當作正職之後，我又面臨了是否要「職業出櫃」的兩難。包括孩子學校資料的家長職業欄，如何跟親戚朋友，甚至是我的父母解釋我在做什麼。我發現大眾對催眠師、療癒師、占卜師存在極大的誤解與偏見（這就是我所謂的「出櫃」，每當我介紹職業的時候，都會遇到各種奇怪與尷尬的反應），很多人會質問我，你不是政大教育系畢業嗎？怎麼不去當老師？不是音樂學碩士嗎？怎麼不去教鋼琴，好歹也算是受人尊敬的正當行業吧？然後，你竟然跑去當江湖術士，幫人家算塔羅牌？（還不少人對我這樣說過）

教學與占卜實務歷練越多，我發現不僅所謂的「圈外人」對這些靈性工具有誤解，連我的學生也常常抱著懷疑來上課。我甚至不止一次遇到來「踢館」的個案，有些是觀察社群粉絲頁許久才放心預約，或者在我設攤的周遭徘徊一整天，確認我不是神棍才向前諮詢，不然就是直接來告訴我：「我就是要來看這個牌卡占卜到底在玩什麼把戲？」還有更嗆的：「我今天就是來看你準不準？」幸運的是，最後他們都成為我的朋友或忠實粉絲，因為他們在我身上意外發現，原來「塔羅占卜」也可以一點都不迷信！也因為他們的「挑戰」，我開始走出同溫層，和身邊不了解塔羅的親友主動說起我在做什麼，絕不只有你們在電視上看到的那樣喔。塔羅不僅可以占卜吉凶，這套系統可以給予我們的遠比想像還更多！

透過這本書，我希望能開啟一個「重新認識塔羅牌」的新視野，提供更寬廣中立的詮釋，告訴大家沒有所謂的好牌、壞牌，未來也不是吉凶兩種分別而已。更不鼓勵盲目地接受建議，將人生的主導權交給他人（或塔羅牌）來決定。

透過每日抽一張塔羅牌，對應本書每張牌的「日常覺察」和「正念心法」，接收圖像帶來的訊息提醒，經由內省、反思、覺察與判斷，淬煉出每個人對生命獨一無二的理解，用不同以往的角度，重新審視生活中大大小小的事件，讓每一天都過得意義非凡。

用塔羅寫日記，在生活中學習78種生命課題

不只有卜吉凶！你的解讀視角，決定塔羅可以給你多少

把命運交託給占卜，還是將主宰的力量拿回來？

你印象中的塔羅占卜是怎麼樣的呢？是算命、卜吉凶、問事、神秘、預測未知……還是盲目、依賴，甚至是迷信？我們對未來總是懷抱憧憬，還在讀書的時候，就想知道考試結果如何？畢業之後可以做什麼？長大之後會成為什麼樣的大人？年薪多少萬？在愛情初降臨的時刻，就開始想像未來會不會永遠在一起？能不能共組家庭，養兒育女，白首到老？如果無法預見未來，就容易對當下產生懷疑，缺乏安全感，因而焦慮徬徨，惴惴不安。占卜可以滿足人們對未知的渴望期待，所有求神問卜的人們都想獲得一個確切的答案。如果得到了負面的回應，難道就放棄努力了嗎？或因此灰心喪志，錯失了扭轉命運的機會？一旦得到期待的結論，就保證一帆風順，萬無一失嗎？如果窺見未來的模樣，就能活得更踏實心安了嗎？

回到根源思考，不僅有塔羅占卜，所有透過「特定徵兆」進行解讀的占術（米卦、鳥卦、龜卦、牌卡、骰子、咖啡渣占卜……），目的到底是什麼？究竟可以帶給我們什麼幫助？如果可以預測未來，告訴我們該如何趨吉避凶，就不會產生任何煩惱，不會遭遇任何困難阻礙了嗎？事情好像沒有這麼簡單！想想看，如果我們一遇到問題就求助於外力協

助，希望別人來告訴我們標準答案，為我們指點迷津，那我們的生命究竟是自己主宰的，還是廟宇籤詩、算命老師、塔羅牌決定的？我們在做任何選擇，起心動念、生活行止之間，確切知道自己是誰嗎？我為什麼要這麼做？還是在缺乏內在的覺知洞見之下，茫然順從他人的指引建議呢？

即使預知了未來，命運還是要靠自己開創！

從事占卜工作以來，遇到形形色色的人們。有一類情況是，翻出來的牌面完全符合當事人心中所想，既然都可以預料得到，為什麼還要來占卜呢？其中有些人向我表示：「這些我原本就知道了，但我就是做不到！（或者不想做）」這種情況下我會提醒他們：「這表示你已經很了解自己，也很清楚事情的脈絡了！為什麼還是事與願違呢？即便再理解現況與未來的發展，如果不為自己做點改變，知道再多都無法突破眼前的困境。我們一起來探討，這背後的原因究竟是什麼？」也有人告訴我：「我知道只要願意改變就會有轉機，但我就是擔心自己做不到！」這時我就會給他們多一些自信，鼓勵他們勇敢開創美好的將來。

占卜結果是「從現在的既有條件，去投射相對應的未來」。如果預示了未來會金榜題名，就開始放縱玩樂，沒有維持占卜當下的用功努力，那就不可能獲得預期的佳績。又如單身族透過占卜知道未來將擁有戀愛的機會，但如果當事人根本懶得認識新朋友，甚至足不出戶，封閉自己的心，愛情也絕不會從天而降。所以，即使透過占卜預知了未來，命運還是得靠自己創造，如果坐以待斃，消極等待好運主動上門，那麼永遠到不了我們期待的未來。

跳脫吉凶之外，塔羅世界遠比想像更寬廣

也會遇到有一類的人，完全無法自己決定。例如拿了五百萬做投資，要投資A項目還是B項目呢？占卜結果顯示兩項看起來都不錯，無法比較優劣，也都有不足之處，不能掉以輕心。但個案還是無法決定，便向我耍賴：「既然都有好有壞，那這筆錢到底要放在A還是B？你還是沒有告訴我哪個好哪個壞啊！」我請他想想：「五百萬是誰的錢？是誰的投資呢？即使今天的兩個選項有明顯的好壞之分，你要選擇看似較壞的項目，也是你的決定。如果你對這個選擇充滿熱情，也願意承擔後果，沒有什麼是不可以的！」

人的一生就是一連串的選擇，某些決定讓我們痛苦煎熬，但所有經歷的過程都不會是徒然的，點點滴滴匯聚為生命的養分，讓我們長成現在的樣子，不到最後，誰知道結局會怎麼樣呢？就像很多白手起家的創業家，剛開始誰不是篳路藍縷，舉步維艱？沒有挫敗的經驗，就無法滋養甜美的果實。所有決定都沒有對錯，只是選擇的不同而已。但是，你理解每個選擇背後的動機嗎？你是否出於內在意願做決定？你願意承擔選擇後的結果嗎？如果人生沒有標準答案，那麼占卜的吉凶是絕對的嗎？如果遇到在占卜中只看吉凶好壞的人，或者只求標準對錯答案的人，我都笑著跟他們說：「那可以擲銅板或筊杯就很夠用了，不用大費周章來抽塔羅牌。」

這種非黑即白的二元分類，其實是普遍大眾對塔羅占卜的誤解，也窄化這套系統所能帶給我們的訊息。我常常告訴個案和學生，抽到再好的牌都不能無限上綱，因自滿而掉以輕心；再壞的牌都顯示絕處逢生，黑暗之後就能迎向光明。吉凶黑白從不是涇渭分明，禍福往往相依……

勝利切勿驕傲自大，挫折失敗乃是尋常，如何解讀與看待，理解現實事件背後的教導，在經驗中反省成長，才是塔羅帶給我們最寶貴的智慧。

塔羅牌背後有非常龐大的知識脈絡，所謂的塔羅（Tarot），除了有特定張數，還必須由特定架構組成，不是所有的牌卡都可以稱為塔羅，這是必須先做說明的。在這本書裡，我使用的是偉特塔羅（Rider-Waite tarot deck），牌面圖像裡每個細微的符號都有其象徵意義與背後的文化意涵，包括占星學、靈數學、古埃及希臘羅馬神話、魔法神聖符號、色彩學、宗教學、圖像學……等，78張牌投射出現實生活的各種樣貌，不僅有表面呈現的情境，還蘊含了78個生命主題。正因為偉特塔羅是西洋神秘學的智慧結晶，所以如果只拿來占卜吉凶好壞，預知未來走向，實在是小用了這副牌卡，也錯失了每張牌卡背後深層的智慧指引，是非常可惜的。

透過塔羅寫日記，反芻一天的發生

很多原本來找我「算命」的個案，或者想來成為「命理大師」的學生，都在我這裡顛覆他們過往對塔羅的理解，經由他們的回饋，我才發現：「喔！原來我跟其他占卜師、塔羅老師是不一樣的啊！」每當有學生問我：「這堂課學完保證可以成為開業占卜師嗎？」我一定回答：「不保證！」個案問我：「你可以幫我把男朋友追回來嗎？」我會反問她：「哦？我想請你先思考一個問題，為什麼一定要追回來？你只有這個選擇嗎？」還有人拜託我：「我想要去知名企業上班，你可以怎麼幫我？」我會提醒對方：「我們先來了解還有哪些你可以努力的地方。如果該做的都做了，我們也無力主導未來，就適度調整原來的期待好嗎？」與其直接提供標準答案，我更傾向去反問：「為什麼要提出這個問題？你真正想要的是什麼？」

培養覺察的能力，長出內在的力量

如果每個帶著疑惑來到我面前的人，想嚐甜頭我就給糖，病了我就給特效藥，不需透過自發性的改變與提升，就可以輕而易舉得到想要的答案，或許我會生意興隆，永遠有絡繹不絕的人們來找我「開藥」，但是這種長期「相互依賴」的關係從不是我樂見的，也不符合我的價值觀。就像一名醫生，到底要希望病患一直上門，還是期待他們康復後養成強大的免疫力，不需再來看病了呢？

占卜師這份工作對我而言，與其說是幫人「解惑」，更像是透過塔羅這個語言，重新詮釋我們自己與身處的世界。藉由牌義的分析解讀，我們跳脫主觀的偏見，撥開迷霧，發現問題癥結，進而看清自己的心，重新連結內在的力量。如此，我們就不易落入相似的循環慣性中而不自知，或是過度依賴他人提供協助，而削弱了自我覺察的能力。

用生命的每一天，經驗塔羅的浩瀚世界

在海海人生中浮沉，隨著命運之流起伏擺盪，我們不會永遠處於高峰，也不會久居於低潮。當風光得意之時仍心存感恩謙虛，不因此驕矜自滿，得意忘形；陷落低谷時不氣餒放棄希望，而是以平常心看待，處之泰然……這才是難得智慧，也是塔羅占卜中常被忽略的部分。

除了用塔羅占卜單一事件主題之外，我希望可以提供另一種詮釋法。如果將我們面對未知的患得患失、對標準答案的依賴、對命運的無

能為力，轉移到每個當下，聚焦於生活的每一天，抽一張塔羅牌對照，好好地經驗所有發生，那塔羅對我們的影響或許可以觸及到更細微的面向，也能深入內在的層次，帶來本質上的改變，而不只有字面上的分析解讀而已。

不一定要仰賴任何占卜師的建議解答，本書提供給你一把打開內在世界的鑰匙，藉由塔羅牌這套心靈指引工具，反芻每天的發生，重新解讀所有來到我們生命中的人事物，真真切切地經驗78種人生智慧，也透過自我覺察，為平凡的每一天帶來洞見與改變。

本書使用方式：按圖索驥找到每日的智慧提醒

當翻開這本書，我希望你先拋開過去對塔羅的刻板印象，也許是雜誌上的牌卡測驗、網紅的占卜直播、命理節目的玄秘談論……用一種全新的態度，重新認識這副充滿智慧的牌卡。

本書使用的是坊間通行的偉特塔羅，傳承自十九世紀末英國倫敦「黃金黎明派修會」（Golden Dawn）統整古埃及、希臘羅馬、猶太教卡巴拉的知識架構與文化傳統，創作者亞瑟・愛德華・偉特（A. E. Waite）是第一個用英語出版印刷塔羅牌的人，牌面上的圖像訊息豐富，跨越文化，容易理解，因此讓這副牌卡通行英語國家，最後暢行全世界。

（一）塔羅牌的基本架構

1.大阿爾克納與小阿爾克納

塔羅牌一共有78張，你不需要覺得很有壓力，雖然每張牌都有其特殊的意義，但還是可以先透過元素屬性初步分類，幫助我們更容易理解這個知識架構。最簡單的方式是將塔羅牌分為大阿爾克納（Major Arcana）與小阿爾克納（Minor Arcana），也有人稱之為「大秘儀」、「小秘儀」，可以更簡稱為「大牌」、「小牌」。大阿爾克納共有22張，關乎抽象的精神世界，影響層面深入潛意識，對個人意義重大。我們可以把這22張牌看作22種生命主題，也是我們每個人在人生中都會遇到的靈性課題。小阿爾克納則有56張，象徵現實世界裡我們時常遇到的56種情境與人物，而小阿爾克納又可以繼續細分。

2.小阿爾克納的元素分類

在56張小阿爾克納牌裡面，我們可以簡單地用四元素來分類。西洋神秘學的四元素是火、水、風、土，在塔羅裡面各自用權杖（火）、聖杯（水）、寶劍（風）、錢幣（土）來象徵。所以小阿爾克納的每個元素各有14張牌，裡面包含10張數字牌（數字1-10），4張宮廷牌（分別是侍者、騎士、王后、國王）。數字牌代表的是該元素的十種表現形式（每個數字都有特殊的象徵意義，在此不深入詳述），宮廷牌則代表16種人物個性或人格表現。

那麼，這四個元素又有什麼不同呢？代表火元素的權杖，通常顯示跟行動開創有關的主題；水元素的聖杯則闡述人際關係、情緒與感受方面的主題；風元素的寶劍帶來挑戰與傷害的訊息，還有我們如何運用心智能力解讀這些事件的方式；土元素的錢幣回歸最現實的物質層面，與財富享受、身體感官、土地自然息息相關。四種元素形塑我們眼前的世界，也建構了萬物的法則，在這個架構底下，我們可以很輕鬆地去檢視每件事情對我們的意義，是行動開創（權杖）、情感交流（聖杯）、挑戰傷害（寶劍）或者是財富享受（錢幣）呢？也可能通通都是，或超越這四元素，影響更深層的靈魂層面（大阿爾克納）？

（二）塔羅日記：日運占卜的流程

初步了解塔羅的分類之後，我們就可以每天為自己抽一張塔羅牌，做為日常的覺察和提醒，也協助自己記錄每天的生活，讓我們可以真切地用生命去探索這副牌卡可以帶給我們的知識和智慧。

關於這種簡易的占卜，可稱作「塔羅日記」，或是「日運占卜」，意思就是透過一張塔羅牌，來代表今天整體的狀態。有些人會講究所謂的日運是幾點到幾點？為避免爭議，我都以午夜十二點做為分界，也有些人喜歡用醒來跟入睡的時間來分界，甚至有人會用自己的出生時間計算一天的開始，這都無妨。我認為所有的「自我探索」跟所謂的「修行」，都不該有太多限制跟罣礙，只要你方便，感到自在，你的一天要從幾點算到幾點都不打緊，當然也不會影響準確度。但還是要提醒讀者，所有的占卜在抽牌之前，都得清楚地想好時間範圍，不要無意識地洗牌、抽牌（我稱之為戲卜），如果用心理學大師榮格（Carl Gustav Jung）的「共時性」理論來解釋，有意識地抽牌，建立有意義的連結。當你無法篤定內心想要占卜的主題與時間範圍，那投射出來的外在實相（抽到的牌面）就不會建立有意義的連結。無意識地抽牌，也導致無意義的結果。既然不會有精確的關聯，也沒有意義，那就不用浪費時間了。反之，當我們每天都撥一點獨處的時間，好好靜下心來，把問題想清楚了再抽牌，這樣就可以讓這件事成為我們每日的靜心儀式，透過塔羅牌卡的協助，讓我們重新審視一天的發生。

至於抽牌的時間，其實也沒有太多的限制。過去我都在床頭放一副迷你版偉特塔羅，醒來的時候就隨手抽一張，看看今天可能會遇到什麼樣的狀況。但這樣的做法有些風險。尤其對那些不夠了解塔羅，或喜歡用吉凶論斷、自己嚇自己的占卜者。如果一早就抽到「高塔」，可能一整天都戰戰兢兢，擔心將遭遇什麼不測，原本可能也只是預期的計畫突然被打亂，或是舊觀念的破除而已，卻因為恐懼焦慮，導致心神不安，就真的有可能因負面的自我暗示，而遭逢不幸了！我曾經在抽到「高塔」的一天，在晚間接了一個催眠個案，通常我在比較沉重的工作之後，會喜歡來點不健康的宵夜，所以一早我就打定主意要在工作結束後買份鹹酥雞來慰勞自己。好不容易結束了催眠工作，滿心期待地開車到鹹酥雞攤，才發現是日公休，剎時對我有如天打雷劈，就如「高塔」所示那般無法預料的崩潰啊！所以後來課堂的學員提供我一個更好的辦法，就是早上起來抽一張牌先蓋著不看，晚上再揭曉抽到什麼牌面，順便回顧一整日的發生。也有學員測試了第三種方式，就是早上抽一張，晚上再抽一張，他們發現早上抽到的大多是小阿爾克納，顯示今日會發生的現實事件會呈現什麼樣的狀況。晚上抽到的比較常出現大阿爾克納，因為透過重新解讀、審視當日已經發生的事件，通常會產生比較抽象的理解和內化，也會思索這些人事物對我們的意義為何，那就很符合大阿爾克納所揭示的潛意識世界了。

接下來是洗牌與抽牌的方式。在這本書裡，我並沒有使用正逆位的占卜法，一概用正位解讀（註一），所以可以用同一方向洗撲克牌的方式來將塔羅牌亂數分配。抽牌的方式有兩種：一、切牌法，將洗好一整疊的牌用你的慣用手分成兩疊，上面那疊的最下面一張，即是所謂的切牌，也就是你的日運牌。二、滑牌法，把洗好的牌滑開，可以公平地看到每張牌的背面，順從你的直覺，抽一張最吸引你注意的牌（註二）。

其中同時要做的是占卜主題的設定。我會建議大家在洗牌的同時，心裡默想你的問題：「我要抽一張牌，代表我今日的整體狀態！」這是最簡單的問句，當然如果你當天有特別重要的事，你也可以聚焦單一主題：「我想知道今天面試的狀況如何？」「如果我想要在提案中好好表現，可以怎麼做？」在本書的主題中，建議大家把問題限定在當天的單一主題裡，題目越簡單明瞭，越能聚焦結果。切勿使用是非問句，例如「我今天運氣好不好？」「我會考上嗎？」「晚上相親會成功嗎？」，因為世界上所有的事都不是好壞、成敗、對錯這麼簡單的二分法，看似成功的背後也許需要付出慘痛的代價。塞翁失馬焉知非福？禍福總相倚，是非對錯也並非黑白分明，所以建議大家使用「開放式問句」，可以問發展結果、狀況的呈現，也可以問建議與行動方針（我可以怎麼做讓結果更趨近我的期待？）。加上塔羅牌裡面再好的牌都無法無限上綱（例如抽到太陽牌就開始不努力，那也不用期待考試會有好成績），再壞的牌都並非無法翻身（死神牌與寶劍十在歷經黑暗之後就能看見黎明的曙光），78張塔羅的每張牌都有其正向解讀，也有值得反思之處，所以用是非問句，不僅低估了這副牌卡的意義，也限制了你對人生的解讀。

當你抽到當天的日運牌，就可以從本書中翻閱這張牌的基本牌義、內涵解釋，最後對照「日常覺察」和「正念心法」的敘述，提醒（還沒發生）或回顧（已經發生）當日的種種，再透過你自己的方式（可以用文字或錄音、影像）記錄下來，做為日後自我探索、生活覺察的途徑。

（三）如何透過統計分析，了解近期的生命課題？

如果你已經養成紀錄「塔羅日記」的習慣，建議可以定期做個簡單的統計分析。例如每週、每月、每季、半年、每年的數據分析，共抽到幾張大牌，幾張小牌，幾張宮廷牌，幾張數字牌，什麼元素佔比多少？藉此分析你近日的生命主題。

1. 當大阿爾克納占比較多：最近可能比較崇尚精神層面的探索，或者凡事都會回歸靈性意義的思考，同時代表心理狀態比較活躍，但也要注意別光說不練，空想不做。日運大牌影響的往往不是只有當天，可以往後持續觀察，至多到兩週，都可能還在這張大牌的精神狀態之中。

2. 當權杖牌（含宮廷牌）較多：最近可能忙於開創和行動，整個人充滿活力與創造力。

3. 當聖杯牌（含宮廷牌）較多：最近情感豐沛，或者在人際關係的互動中產生較多感觸。

4. 當寶劍牌（含宮廷牌）較多：最近可能面臨諸多挑戰，甚至生活造成危機，也因此開始思考突破與解決的方式。

5. 當錢幣牌（含宮廷牌）較多：最近的主題可能和努力賺錢或花錢享樂有關，行動趨近務實，活在當下。

6. 當人物宮廷牌佔比較多：宮廷牌有可能是當天自己的狀態，也有可能是在你生活中發揮影響力的他人，如果都是別人的話，可能最近社交生活比較活躍，或者與比較多人建立連結。

從統計數字來看，我們會發現每種分類的比例常常不是很平均，當權杖多的時候總是忙碌不堪，卻是燃燒熱情充滿幹勁；聖杯多的時候你會發現自己可能變得情緒豐沛、多愁善感；寶劍多的日子肯定不太好受，但也是蛻變成長的時刻；錢幣多的時候很接地氣，認真工作、努力賺錢、開心花錢……四種元素都是中性的，沒有必然的好壞。當比重懸殊之時，我們可以提醒自己是不是已經到達臨界，例如光想不做（大牌）、過勞工作（權杖）、情感氾濫（聖杯）、思慮過多（寶劍）、太過現實（錢幣）……當比例平衡之時，生活往往也較為和諧。如果同一張牌時常出現，我們可以特別關注這張牌的相關課題，例如我有一陣子常常抽到寶劍二，當時的確陷入一種兩難的僵局，而問題的癥結就在於我逃避現實，不想面對真相，當我鼓起勇氣揭開眼前的布條，我就再也沒抽到這張牌了。

最後是解讀的心態，建議大家保持平常心，正面樂觀地去看待人生的高低起伏，就像錢幣二帶來的智慧，在彈性中順應生活的無常，接納運勢的起伏變化，所有的事件都會過去，也只是漫長生命史裡的微小篇章，當你翻到下一頁，上一頁就只是個過程而已，重點是我們如何解讀它，又從中獲得了什麼？

註一：在塔羅日記的占卜裡，我傾向使用全正位占卜法，也符合本書的主旨，用正面的態度與視角，去解讀每日的發生。雖然正逆位占卜法也許會更精確指出細節或現象呈現的方式，但也會侷限了解讀時的彈性。所以我喜歡把一張牌當作一個中性的主題來討論其正面的提醒與反向思考，而較不強調正逆位所帶來的「準確性」。

註二：有些占卜師會強調使用左手抽牌（因為右腦對應左手掌管直覺與靈感），經我多年實驗，發現並不影響準確度，所以建議大家可以抱持著輕鬆卻專注的心情來抽牌，不要被太多規矩限制，也不用拘泥於這些微小的細節。

偉特塔羅基本架構

- 塔羅牌共78張
  - 大阿爾克納
    22張（0-21）
  - 小阿爾克納
    56張
    - 火元素
      權杖牌
      - 權杖數字1-10
      - 宮廷牌：
        權杖侍者、權杖騎士
        權杖王后、權杖國王
    - 水元素
      聖杯牌
      - 聖杯數字1-10
      - 宮廷牌：
        聖杯侍者、聖杯騎士
        聖杯王后、聖杯國王
    - 風元素
      寶劍牌
      - 寶劍數字1-10
      - 宮廷牌：
        寶劍侍者、寶劍騎士
        寶劍王后、寶劍國王
    - 土元素
      錢幣牌
      - 錢幣數字1-10
      - 宮廷牌：
        錢幣侍者、錢幣騎士
        錢幣王后、錢幣國王

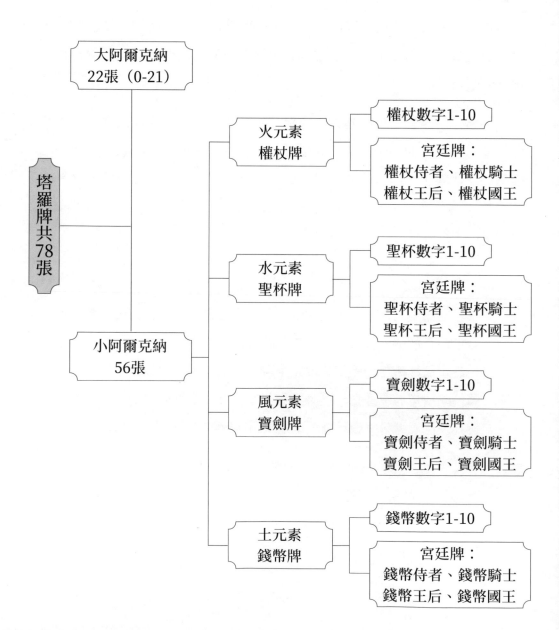

大阿爾克納的内在世界：愚人的冒險旅程

揭開潛意識的面紗：參透個人內在原型與動力

大阿爾克納描述的是精神的世界，有別於看得見的有形世界。如果說小阿爾克納牌是生活日常具體會發生的事件，我們周遭有血有肉的人物，那大阿爾克納則象徵無法具體化、難以言喻，甚至沒有特定樣貌呈現的抽象概念。

從心理學家榮格的理論來說，22張大牌比較像是22種「原型」，是集體潛意識的產物，可能在不同的人身上，會呈現不同的遭遇，產生不一樣的理解。大阿爾克納的抽象跟模糊，常常會讓初學塔羅的人感到困惑，不太懂得在實際層面上，這樣的情況會如何運作。也因為大牌的世界如此浩瀚無垠，無法具象描繪，所以我們每個人可以擁有更大的空間，用獨一無二的生命經驗，去詮釋這些「靈性課題」對我們產生的影響與共鳴。

大牌的編號是從0到21，從「愚人」到「世界」，恰如一個關於冒險的寓言故事，詳述每個靈魂降生於世，從純潔無瑕的新生兒，慢慢牙牙學語，接受家庭教育的薰陶，入學讀書學習知識，遭遇同儕激烈競爭，初嘗戀愛禁果，歷經世事無常，從中體驗困頓煎熬、奮力掙扎、冷靜裁決、中立評斷，到崩潰瓦解、重燃希望、穿越黑暗、迎向光明，最後如何平衡因果業力，圓滿此生的功課，在宇宙法則中習得真正的從容與自由。

這22張牌象徵了所有我們在人生各階段會遭遇的生命課題。每個來到這個世界的靈魂都是天真無畏的愚人，憑著滿腔熱情與好奇心，勇敢探索這個危險重重的世界，時而受挫痛苦萬分，時而品嚐勝利的甜美，在無常中擴大生命經驗，在挫敗中學習成長，最後我們可以在「世界」牌的課題體會圓滿的真諦，並無憾地結束精彩的一生。

每個人的生命經驗都是獨一無二的，即使有類似的遭遇，但作用於個人身上，感受也會不盡相同。這取決於我們的成長背景、信仰價值觀、解讀事件的視角，還有內在智慧的深度與廣度，也決定我們的命運何去何從，我們如何看待這個世界。因此，這22張牌可以囊括我們的一生，也能讓我們在歷經小阿爾克納牌的56種現實日常之後，回歸內在精神層面，再次定義生活事件在我們內在世界的價值與意義。

當你時常抽到大阿爾克納……

由於大阿爾克納作用於精神層面，能夠撼動一個人的價值觀與內在信仰，所以當你抽到一張大阿爾克納牌，都不會只在當天對你產生影響而已，可能需要把時間拉長去觀察體會，或許是一週、兩週、甚至一個月（也可以觀察短期之內抽到幾次相同的大阿爾克納牌）。

如果最近幾乎都抽到大阿爾克納，你可能要想想自己的精神狀態是否過度活躍？日常生活的每件事情對你而言，實際情況如何運作呈現，你可能一點都不在乎。不管發生了什麼，你都反覆思量，往內探索更深刻的價值，試圖找到精神層面的意義。這並沒有什麼對錯，但還是可以觀察自己是否想太多，想太深，而忽略了實際的行動力，或缺乏落實的意願？

如果發現自己落入光說不練，空想不做的情況，就要記得提醒自己，適時回歸現實，關注每個當下的行動、遇見與發生，而不是逃避現實，抽離現況，無止盡地沉浸在抽象的幻象當中，久而久之不但會失去了和現實世界的連結，也容易使人精神耗弱，陷入混亂。

0 愚人

當一個追夢的傻瓜，雖千萬人吾往矣

牌義關鍵字

顯然卻未見的危機、無限可能

天真莽撞、不顧世俗眼光

丟掉了沉重的包袱，僅收拾了簡單的行囊，我踏上一段無人經驗過的旅程。輕鬆哼著歌，自由自在隨風漫舞，我信步在懸崖邊的崎嶇山徑上，看似危險萬分，我卻樂在其中。別人看我就是個瘋癲的傻子，我卻不曾在乎誰的眼光。即使摔得粉身碎骨，即使超乎世人所能理解的離經叛道，即使看似荒謬可笑……那又怎麼樣？我帶著初生之犢的勇氣，「雖千萬人吾往矣」的魄力，不知恐懼為何物，我的人生沒有「放棄」這個選項。我可能一無所有，也可能創造無限。專屬於個人的壯遊，獨一無二的生命之旅，從我的腳下一步一步，延伸至無人知曉的未來。

愚人就像是一個新生兒，初降臨這個世界，隨時抱持著好奇心，探索未知的領域。他們不怕挫折，也無畏外界眼光，在他們的世界裡，只有自己，「我想」、「我要」、「我做」……其餘的一點都不重要。他們堅持理想，明知不可為而為之，懷抱一股傻瓜般的熱血，即便身處充滿荊棘的艱難險境，他們也不會停止追夢的腳步，即使頭破血流仍勇往直前。

愚人的行徑在世俗眼裡是令人費解的。如果有一條康莊大道，或者前人開拓的安全途徑，為何要披荊斬棘、以身涉險，讓自己陷入未知的危機？但愚人可不這麼想，他們才不願意跟在他人背後，要嘛就自己闖出個名堂，開創一個全新的世界。他們是革命家、發明家、先驅者，在大部分人尚未意識到的領域，他們已經走在最前面。

愚人最後會獲得成功嗎？「不試怎麼知道！」他們一定會這樣回答你。成敗不在他們考慮的範圍之內，他們只想在有限的生命裡奮力一搏。你說他們傻嗎？他們脫離常軌的行徑，也許將開啟全新的視野，顛覆傳統價值，創造無限的可能。那能說他們有智慧嗎？傻瓜與天才，有時候只有一線之隔，只是世人都習慣以成果來評斷論定。愚者不怕犯錯吃苦，他們是追求經驗的靈魂，憑本能行事的樂觀主義者，也因為這樣的天真無畏、奮勇向前，我們的世界才能在他們的帶領下突破過往限制，開創嶄新的未來。

我在生命的某些階段，時常抽到愚人牌。那些眾人眼裡的傻事，最後往往為我開啟了一種全新的可能。我的個性本質上有一種傻氣跟天真，很多時候都是憑著一股內在的本能行事，而沒有太多顧慮和操心。例如決定放下一切，從西部搬來花蓮時，許多人嘴上沒有說，但心裡都在想：「你是傻了嗎？」我的家人朋友都在西部，花蓮沒有親友依靠，也不知道未來要以什麼維生。我們一家四口，不顧眾多親友的反對，就載著滿滿兩車家當行李，越過中央山脈，來到後山淨土。但傻人有傻福，我始終幸運，雖然剛開始遇到很多超乎想像的挑戰，但我這位愚人沒摔下山崖，反而走出了一條新的道路。我開始將多年所學拿出來服務人群，我活出一種全新的人生態度。以前大部分的時間都在上班跟抱怨，現在大部分的時間，我都在「生活」。教課跟接個案服務之餘，就到自然裡泡泡溪水看看大山，或到太平洋邊坐一個下午，有更多時間與孩子在一起，陪伴她們的童年。於是，我這個離經叛道的傻瓜，找到了與眾不同的精彩。

愚人的日常覺察

1.我是否太一廂情願地投入理想中，而忽略身旁顯然易見的危機或傷害？

2.滿腔熱血之際，也記得停下腳步，聆聽他人的建議看法，以免衝動誤事？

3.實踐理想之餘，也多多觀察身邊的環境，仔細評估現實條件的可行性？

愚人的正念心法

1.即便跟所有人都不一樣，仍相信自己是獨一無二，被祝福寵愛的天之驕子。

2.我擁有自由的靈魂，沒有什麼能困住我，即使千萬人阻擋，我也永遠不投降。

3.我樂觀看待未知，不怕艱難，也不怕走錯路，只怕活得不夠盡興，無法勇敢追夢。

1 魔術師

天與地之間的傳訊者，心想事成的煉金術士

牌義關鍵字

溝通傳遞、新觀念、新開始
條件完備、積極主動、自信執行

我站在兩個世界的中間，一手指天，一手指地，成為傳遞訊息的橋樑。我機智聰慧，反應敏捷，純真得像個孩子，又同時擁有滿腔的熱情。我早已準備好，各種條件一應俱全，帶著無比的勇氣與信心，運用無窮的智慧與靈感，我起身行動，準備開啟一個新的紀元。

魔術師在古代是江湖變戲法的藝人、魔法師，或者說是煉金術士。煉金術士把便宜的原料變成有價值的黃金；魔術師善用幻術，讓不可能的事情化為可能；魔法師則是運用魔法，用意志力將想法顯化為真實。他們都有一個共通性，就是擁有心想事成的超能力。魔術師這張牌就是象徵這種顯化的力量。

其實，每個人都擁有魔術師的魔法，你不用是巫師、薩滿或化學家。聽過吸引力法則嗎？還有榮格說的「共時性」？或者心想事成的念力嗎？這並非玄學，就在你我的一念之間。不知從何而來的靈感乍現，一瞬間的通達知曉，或者醞釀很久的創意想法，透過我們的意志力與行動力，最後顯化於世界上，成為一個實際的成果，這就是生活的鍊金術，最尋常的魔法。有時看似「巧合」的連續效應（例如我今天想學習塔羅牌，突然就看到相關的課程資訊，剛好多了一筆工作獎金，接著就繳費報名了！），從更高的層次上來看，這種內在與外在的同步性，是每個人心智力量的顯化，也是點石成金的魔法。

魔術師的頭頂有個源源不絕的無限符號，腰間也綁著一條永恆循環的銜尾蛇。身為天與地的橋樑，無形與有形界的媒介，魔術師看似開創了一個新的產物，實際上並非無中生有，更像是傳訊、翻譯、產品加工的角色，如果保持能量的暢通，就能讓這個循環順利流動。他們擁有白百合的純潔初衷，心懷紅玫瑰的熱情，桌面上已準備好所有材料工具（四元素象徵物），充滿信心和勇氣，去做就對了！

當我抽到魔術師，就像是打了一劑強心針，為我帶來無比的自信，告訴我「相信就是力量」！過去曾有個講座活動邀請，我因為想要廢偷懶、對自己沒信心、覺得累、擔心沒有人來……而想要推掉這個工作。如果心裡不踏實，我就會拿出塔羅牌，看看實際情況是否符合我的想像？這時魔術師出現提醒我：「你已經準備好了，還在害怕什麼嗎？帶著強大的行動力、無與倫比的信心與執行力，善用心想事成的魔法，只要你想、你願、你開始行動，就能讓一切顯化為真實。去做吧！」記得我在跟丹尼爾老師學完塔羅初階課時，我也抽到魔術師。當時不太懂這是什麼意思，但現在回顧卻覺得意義非凡，那堂課程開啟了我的占卜師之路，我透過好幾年的學習與演練去加強魔術師桌上的工具，站在浩瀚的西方知識結晶（塔羅牌）與迷惘的人們之間，成為一個傳遞智慧訊息的橋樑。

魔術師的日常覺察

1.我願意善用心想事成的魔法，點石成金的顯化能力，並將無形的想法化為真實的行動？

2.我是否能積極行動，維持單純的初心，以熱情為燃料，持續不斷地創造？

3.我相信外在的世界是內在意念的投射，我願意成為中立的管道，忠實傳遞訊息，發揮溝通的正向力量？

魔術師的正念心法

1.我相信自己已然具備了行動的創造力（權杖）、純然的動機和熱情（聖杯）、明晰的思考決斷（寶劍）與務實的顯化執行（錢幣）。

2.我善用敏銳的直覺、機智的反應、豐富的知識與天啓的智慧，去開創無限的可能性。

3.我對自己充滿信心，對未知充滿勇氣，願意積極開創，將靈感與想法化為積極的行動。

2 女祭司

超越表象之下的二元性，靜默直觀的女智者

牌義關鍵字

平衡二元對立、直觀的智慧

靜默旁觀、耐心等候

坐在對立兩端的中央，我不偏不倚，不下判斷，靜默不表態。世事在我眼裡，一切了然於心。不說，不是因為沒想法，而是心裡明白，沒必要說。或許我經歷過的不是很多，但我就是知道。直覺讓我洞悉萬物的本質，從意識之海擷取無窮無盡的智慧，讓我清楚宇宙的循環，通曉人性的真實。縱使外界環境浪濤洶湧，我就像是坐在深海底一般靜謐安穩。我理智的感性，靜如止水；我明晰的洞見，清澈如鏡。

女祭司宛如未經世事的處女，他們純潔無瑕，不太懂得人情世故，卻擁有過人的智慧。獲得智慧的途徑有很多種，大部分人透過經驗累積，生活中洞察體會。而女祭司則不同，他們並非藉由經驗學習，或者透過理性分析、邏輯推論的方式知曉道理，而是經由「直覺」通達真相，在潛意識層面擷取智慧的訊息。他們擁有高敏感度，卻不會隨著混亂的外在環境波動搖擺，他們的冷靜沉著並非來自壓抑克制，而是一種渾然天成的純淨安適。

每個人都擁有女祭司的本質。當我們是個嬰孩，還沒學會說話的時候，許多事情看在眼裡，並無所謂對錯的分別，內心的感受說不出口，卻懂得其中的意涵。如今我們已會用言語表達，但許多時刻我們仍選擇緘默旁觀。因為我們看懂事物的本質並不是非黑即白的二元對立，「判斷」或「選邊」反而會讓自身失衡偏激，矛盾與分裂的拉扯加劇。超越二元分化法去看待事物、通曉道理，往往才能達到內外在的平衡與自在。

女祭司天生具有強烈的敏感度。他們洞悉真理完全不需費力推演，就像月球反射日光那般自然而然，立即同步。萬事萬物的解答、宇宙秩序的循環、人生的真相道理，都不是絞盡腦汁就能理解的，更不是表象的觀察分析而已。跳脫世俗的評斷與限制，用心細細感受，聆聽內在導引，答案往往就在瞬間浮現，不需言傳。

過去在自己占卜的經驗裡，偶有抽到建議要我採取女祭司的行動策略。當時我僅理解表面的意思，例如保持靜默不妄自行動，卻不知為何要這麼做。經歷了好多事，也過了好幾年，我才慢慢意會女祭司背後更深層的意涵。以前我時常嫉惡如仇，看許多事情不順眼，懷抱著自以為是的正義感而衝動行事，覺得凡事必有是非曲直，非黑即白，不該有模糊地帶，既然是「對」的事，就應該極力爭取，勇敢表達自身的立場。跌了幾跤，陷入多次有理說不清的誤會，發現事情往往不如我們理解的那麼簡單，是非對錯也沒有那麼容易分辨。站在不同的角色就有不同的立場，善惡之間也並非涇渭分明。與其急於表態，判斷對錯，不如保持緘默，從各種視角靜靜觀察。當看懂了各種內外在因素交疊作用的方式，才發現大部分的現象並沒有所謂的是非黑白，而是因果循環的運作。當能通曉世事運行的規則，就能由內而外、自然而然地常保女祭司的敏感直覺，一如她身後的那片汪洋，深邃且寧靜。

女祭司的日常覺察

1.當我試圖跳脫外在表現，超越世俗眼光之時，是否無形中與世隔絕，變相地逃避現實？

2.我是否相信內在的神聖本源，是充滿智慧與靈感的存在，而不需向誰證明解釋？

3.我願意耐著性子，不急著去分辨判斷？我願意傾聽直覺，不向外索求解答？

女祭司的正念心法

1.所有問題的答案都不需向外追尋，往內在探索便能知曉一切，因為我的意識之海，即是淵博的智慧之源。

2.超越表象的二元對立，平衡分歧的矛盾衝突，我抽離世俗的窠臼，仍扎根落實於人間，熱情有活力地立足於世界。

3.與其急著表達立場，我更傾向用心感受，覺察表象背後的真相。

3 皇后

愛與美的化身，渾然天成的生活品味家

牌義關鍵字

輕鬆享受、愛與美
充滿潛力、肥沃多產

我是孕育萬物的母親，雍容華貴的皇后。我擁有渾然天成的美感，自然而然地創造生命。我哺育蒼生，也滋養自己。我以蒼穹為頂，大地為席，大自然就像是我的家。我的足跡遍佈之處，帶來豐饒富庶，生氣蓬勃。我也是代表愛與美的維納斯，透過五感的欲望，我體驗生命，認識世界。我擁有無限的潛能，無窮的生育力，源源不絕地創化，就像一片豐沃的土地，滋養著無數的生命。

不同於皇帝的戒慎恐懼，皇后的神色多了些怡然從容。古代皇帝打天下登上王座，一切得來不易，皇后的榮耀身份大多不是透過努力，而是先天帶來的優勢，可能是美貌、家世，或是背後的政治力量。所以皇后少了皇帝那種緊繃和控制，可以輕輕鬆鬆倚坐軟墊沙發，穿著寬鬆華麗的綢緞衣裳，神態自若地享受生活。

皇后也是大地之母，她身後的蓊鬱森林蘊藏寶貴的自然資源，溪水蜿蜒流瀉，滋養萬物，王座之前豐饒遍地，麥穗結實纍纍。她的所到之處，生氣盎然，充滿無限的潛能。所以皇后是萬物的母親，生孩子這件事必須自然而然，太刻意的施力壓迫會適得其反，揠苗助長。皇后也是生育力非常強大的母親，孕育也滋養了眾生，不費吹灰之力。

在榮格的「原型」理論中，皇帝牌是父親，皇后牌是母親。集體意識裡，父親的職責是教導孩子是非對錯，訓練孩子循規蹈矩，母親則是哺育生命，帶給孩子愛的感受，營造美的生活環境。皇后對應占星的金星，秉持輕鬆慵懶的人生態度，重視舒適享樂的生活。皇后腳踏實地熱愛生命，重視感官的享受，喜歡品嚐美食佳餚，穿戴華美服飾，妝點舒適的居家環境。皇后的生產力是天賦，渾然天成的創造力不需一點勉強掙扎，她的潛力無法預期，也為我們的生活帶來美感和享受。

我曾有位個案已經年近半百，卻始終沒有感情的歸宿。每次她來找我問感情，都會抽到皇后牌。所以我就要不斷提醒她「放輕鬆」的重要性。因為在乎，所以認真，因為認真，就容易緊張，陷入頭腦的批判，理性分析到作繭自縛，無法輕鬆享受戀愛的愉悅與美好。我常常在感情問題的諮詢中發現，談戀愛真是一件不能太嚴肅的事，一旦過度嚴肅謹慎，關係就會隨之緊縮僵化，情感於是無法順暢流動，連日常相處都不對勁，說不出愛的話語，也看不見彼此的心。皇后牌帶來金星的能量，提醒我們要享受愛情的點點滴滴，而不是操控愛情成為我們理想的樣子。當你可以感到輕鬆自在，愛就在無形之中流動，一點都不需費力。

皇后的日常覺察

1.我是否透過五感累積經驗，認識這個世界，透過無限的潛能，務實地創造？

2.我有多久沒有親近自然？走入森林，嗅聞花草香，赤腳踩在土地上，傾聽微風歌唱？

3.我是否特別重視物質享受？透過各種美的事物，滿足感官的需求，肉體的欲望？

皇后的正念心法

1.我從容自得地享受每個當下，在感知中體驗人生，擁有源源不絕的生產力。

2.我是愛與美的化身，熱愛美好的生活方式，喜歡讓自己處於悠閒放鬆的狀態之下。

3.我喜歡透過付出滋養他人，也細心呵護自己的感受。務實創造之餘，我也享受豐裕的物質生活。

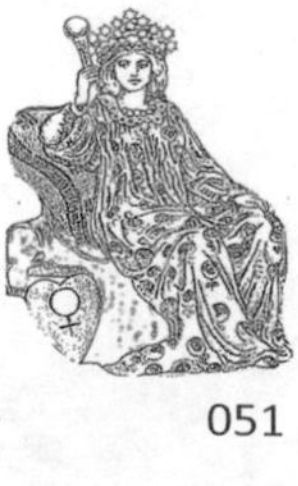

4 皇帝

嚴格強悍的權威，雷厲風行的鐵腕

牌義關鍵字

意志控制、專業嚴厲
掌權統御、執行規定

越過崇山峻嶺，登過料峭百岳，我終於成為了萬人景仰的王。我威風凜凜坐上冰冷巨大的石座，尊榮的紅袍下是伴我征戰多年的堅硬盔甲，掩飾我內在不為人知的脆弱。成功的背後必有犧牲，我即便登上王位，卻一刻都不敢懈怠，絲毫不願妥協，隨時警戒任何外來的威脅。我嚴厲執行法律規章，為的是鞏固辛苦建造的王國，捍衛千萬人民的福祉。

皇帝就像一位嚴格的父親，一名強悍又固執的權威。他們自信滿滿，是因為過去經驗的累積，一切得之不易，也難以動搖。他們嚴厲固執，是由於責任感使然，為了維持王國的秩序，建立制度的穩固。透過血腥殺戮，踏過敵人的屍首，王的道路並不輕鬆，過程的壓力與責任也非一般人可以承受。

皇帝的經驗豐富，成為權威的過程歷經千辛萬苦，必須有所犧牲奉獻，因為得來不易，他們更害怕失去。所以他們必須使用強制手段，來捍衛他們辛苦建造的王國，創造一套規範秩序，建立穩固的基礎架構。他們不輕易屈服動搖，也固執得聽不進任何建議，性格強勢又獨斷，堅決相信命運是掌握在自己手裡的。

皇帝律己甚嚴，也嚴以待人，這源於他們的自律。要能成為專業權威，要能領導統御他人，首先得先管好自己。他們總是無懈可擊，在專業領域上是非常可靠、值得信任的人。為了要保有當下的穩固，他們一刻都無法鬆懈，隨時保持紀律井然有序。他們的成功非一蹴可幾，背後的付出難以估計。也因此，他們常常表現得武斷又沒有彈性，嚴厲且難以親近。

擁有皇帝性格的人常是專業領域的佼佼者，他們累積了豐富的經驗，所以不由自主地擺出權威的架勢，他們也堅持己見，不輕易妥協。我曾認識一個執業多年的保母就是皇帝，對於照顧孩子她有一套自訂規則，衣服一定要穿特定款式、每個禮拜哪一天洗衣服、生病要看哪個醫生、一個病程要吃幾次藥、每天作息如何安排、平日三餐如何搭配……都要求家長按照她訂定的規則，不容任何挑戰質疑。但是每個孩子都不一樣，如果堅持套用同樣的規則，可能會讓彼此都辛苦。另一個朋友是資深工程師，在職場上他就是王，雖然可以在團隊中發號施令呼風喚雨，卻也戰戰兢兢，不允許絲毫懈怠差池。皇帝的身份地位來自於長久兢兢業業的經驗累積，他們很優秀也非常認真，卻需要學習保持彈性與幽默感，太嚴謹苛刻不僅讓人難以接近、不易溝通，也會因為太緊繃而累出病來。

皇帝的日常覺察

1.我是否因過度堅持己見而缺乏彈性，對事武斷而忽略人情的交流，無意間損人又傷己？

2.與其一頭熱的往前衝，我也願意偶爾停下來聽聽其他意見，或開放更多可能性？

3.我是否太嚴厲約束自己，忽略適時放鬆、保持幽默，同時也用苛刻的標準來要求他人，為人際關係帶來緊張壓力？

皇帝的正念心法

1.我堅守自己的道路，不輕易妥協，也絕不放棄，用血和汗建構永恆的價值。

2.不管在專業領域或私人範疇裡，我都遵守原則，自律甚嚴，從不懈怠。

3.我擁有強大的意志力，願意犧牲奉獻，為的就是成為專業權威，滿足內心的理想與欲望。

5 教皇

打開奧秘之門，我就是自己的神，唯一的真理！

牌義關鍵字

傳統道德價值、貴人相助

靈性成長、完全臣服於信仰

在我的內在國度，擁有一套道德規範標準。那和外在的世界無關，或許也和大部分的人不一樣。不過，我一點都不在乎，即使要對抗外界萬千砲火，需抵擋他人的批評干涉，我仍堅守這套自己建立的法則。我不再是那個乖乖聽話的小學生，跳脫固有的道德框架，打破大眾觀點的限制，慢慢形塑一套專屬於自我的內在信仰。我仁慈開導教化身邊的人們，讓他們心甘情願追隨我的腳步，臣服我的引領，遵循我的信仰。

道德信仰的約束力量，往往更甚於法律與社會規範。如果說皇帝是創建外在規範的獨裁者，那教皇就是樹立內在信仰的宗教領袖。我們每個人都有自己的內在信仰，通常都是日積月累，逐步形塑而成的。就像孩子相信世上有耶誕老公公，女人相信一白遮三醜，明明違背信仰也不會遭受懲戒責罰，但內在無名的驅力卻逼得我們深信不疑，無形中影響甚鉅。

教皇也是神的代言人，掌管奧秘之門的鑰匙，所有無法具體解釋的，非現實世界的，意識形態的，形上抽象的……那些未知的一切都由他掌管。法律也許可以約束一個人的外在行為，但只有「內在的教皇」可以影響一個人的自由意志，形塑一套個人的信仰體系。「內在的教皇」帶給我們的信念，通常源自於對外界既有教條的不滿與反抗，於是我們不再因循他人所告知的道理，建立了一套專屬於自我的規範與真理。

教皇也不會只滿足於個人的改變，他們更想去教化大眾，影響更多人。當我們還尚未找到內在信仰的依歸，甚至無力創建自我的信仰架構之前，就會像是一片失根的浮萍，在人生的汪洋裡浮沉漂蕩。此時，我們可能需要一名「靈性導師」，也許是宗教的領袖前輩、一本書，或者一個可以指引你心靈方向的人，「外在的教皇」將成為你生命中的貴人，為茫茫未知的人生道路點上一盞明燈。但如果只是一味地盲從迷信外在權威，反而容易陷入另一種地獄的深淵，更加迷失無措。教皇提醒我們，要培養獨立思考的能力，建立自我價值信仰，回到內在權威，當自己的心靈導師！

我的塔羅生命靈數對應的人格牌就是教皇，從小我不是特別聽話就是特別叛逆，要打破我的內在信仰是件不容易的事，一旦相信了就堅定不移，完全交託臣服，否定了其他可能性。不過每隔一陣子，這樣的想法就會遭受巨大衝擊而改變。因為出身教師世家，從小就被安排就讀升學班，按部就班考上教育系，卻驚覺這不是我想要的人生，大四毅然決然放棄教育實習，志向大轉彎改讀音樂研究所，甚至落下狠話：「我這輩子絕對不當老師！」然而，我現在卻是一名塔羅系統課教師，完全打臉自己曾經許下的誓言。自以為無堅不摧的信念總在現實考驗下一塊塊崩壞瓦解，難道我曾信仰的真理如此不堪一擊？這幾年我才慢慢理解，或許根本沒有所謂永恆且放諸四海皆準的真理，放下頭腦理解的「應該」、「一定」、「絕不」，傾聽每個當下的內在指引，原來，教皇一直都住在我的身體裡，隨著生命經驗的累積而變化。身為教皇的我擁有誨人不倦的熱忱，我現在是小時候最不願成為的「教師」，塔羅之於我不是無聊的教科書，更像是一種信仰，傳達牌義背後的智慧成了我的職志，我心甘情願付出奉獻。

教皇的日常覺察

1.與其盲目追隨他人的價值觀，或因循外在既有的準則，我是否擁有獨立思考與判斷的能力？

2.面對目前的人生困境，我是否願意尋求心靈的指引，並放下個人本位的執著，臣服於生命貴人的教導？

3.我是否願意帶著仁慈的心，把珍貴的價值信仰宣揚出去，讓其他人起而效尤、跟隨學習？

教皇的正念心法

1.我相信內在的指引，追隨自由意志的領導，創造個人化的信仰架構。

2.當捍衛內在信仰的同時，也開放其他可能性，臣服於那些可以帶領我看見新世界、創造新法則的靈性導師。

3.我不僅建立個人的內在權威，還願意無私奉獻，將美好的洞見與道德信仰分享給其他人。

6 戀人

帶著愛的初衷做選擇，在追尋完整中倍受祝福

牌義關鍵字

避免引誘、重大的選擇

上天祝福的愛、兩情相悅

離開了溫暖的家，告別慈愛的雙親，我踏上了獨一無二的個人旅程。在為自己勇敢選擇的同時，也與原生家庭分離，我感到分裂而不再完整。於是我開始追尋，圓滿靈魂的那份缺憾。在與人建立連結的過程中，我學習愛與被愛，懂得接納與付出，在相互理解中我重新感到完整合一，心滿意足。

戀人牌講述伊甸園的故事。夏娃受到蛇的引誘，偷食了智慧之果，被逐出有上帝保護的樂園，和亞當到外面的世界，胼手胝足創造自己的家園。風天使拉斐爾在天上慈愛看護著他們，給予這對戀人無限的祝福。我們是否也曾不顧父母反對，離開原生家庭去尋求真愛、理想？一旦踏出了家門，脫離父母的羽翼，我們成了獨立自主的個體，又不免感到孤單分離。

亞當夏娃第一次違背上帝的旨意，以自由意志為出發點，決定離開伊甸園。因此戀人這張牌往往也揭示著「影響人生的重大選擇」。一旦離開安全的保護傘，我們踏上截然不同的旅程，追尋個人理想的道路是孤獨無依的，我們渴求與人建立親密關係，尋求理解與滿足，學習接納與付出，明白愛的真諦並非控制勉強，而是透過溝通，彼此包容合一。人的一生出於無可避免的分離（與母親切斷臍帶、離開原生家庭獨自闖蕩……），每個人都擁有與他人和諧融合的渴望與本能，也想擁有獨立自主的權利，在抉擇的分岔點迷失困惑，是人之常情。

戀人牌對應占星的雙子座，顯示人性的分裂面向，使我們在面臨選擇時產生內在的矛盾衝突。戀人牌帶來關鍵性的選擇，成敗取決於對立的兩面是否得以和解，如果能讓陰陽兩極在溝通之下交融合一，就能帶著愛的意圖，堅定清明地選擇。戀人牌的決定並非僅憑滿腔熱血的感情用事，反而偏向溝通交流與理性思考的風元素。戀人的選擇是人生重大的決定，如果可以帶著亞當夏娃那般單純的初衷出發，展開下一段人生里程，就能受到天使的祝福，在自覺中成長，分離出脫後仍能保持圓滿完整。

身旁有好多人在面臨生命重大抉擇之時抽到戀人牌。我很喜歡戀人牌的教導，順從內心純然的初衷，大天使拉斐爾時時刻刻陪伴在你的身旁，給予無限的祝福與愛。我們通常喜歡把事情複雜化，談戀愛的時候煩惱許多與「愛」無關的事，擔心兩人走不到最後怎麼辦？如果父母不喜歡對方怎麼辦？如果我們沒有錢一起買房子怎麼辦？對方不想生小孩怎麼辦？選擇工作的時候也擔心好多，例如別人怎麼評價我的職位與薪水？親朋好友過年時問起怎麼辦？我們習慣把注意力放在那些和本質無關的條件，卻從不問問自己的心：「我是否擇我所愛？」戀人牌提醒我們回歸本心與初衷，該如何抉擇，就會變得容易許多。

戀人的日常覺察

1.目前是否面臨重大的抉擇，觀察自己的意圖，是出於恐懼害怕，還是出於純潔的初衷？

2.我是否能融合內在的衝突矛盾，與分裂的自己和解，超越所有對立，做出明智的決定？

3.我可以從關係的鏡子中覺察自己，與自己好好相處，同時能建立美好的親密關係？

戀人的正念心法

1.用單純的想法去面對目前的人生，用最簡單的方式處理當下的問題，一切都會順利完成，受到祝福。

2.在關係裡我真誠理性地溝通，帶著愛說真話，用心理解對方的感受。

3.面對關鍵的選擇，我願意回歸最原始的出發點去考量權衡，相信自己是安全且被愛的。

7 戰車

為捍衛安全感出征，為追求理想而戰

牌義關鍵字

成王敗寇、以智取勝

戰爭衝突、堅強意志力

穿上堅硬的鎧甲，披上理想的斗篷，為了捍衛安全感，我為自己勇敢出征。對立衝突在我內心交戰，理性與感性該如何權衡，始終拉扯糾結著，幾乎將我撕成兩半。帶著堅強的意志力，凌駕於本能欲望之上，我掌控了這輛無堅不摧的戰車，一路往夢想馳去，贏得最後的勝利！

戰車對應占星的巨蟹座，看看牌面的戰士，不僅身穿堅硬的鎧甲，從溫暖的城堡出發作戰，還把房子（戰車）都帶上了！像隻螃蟹一樣，鎧甲是身體的家，為保護柔軟的肉體，堅固的戰車也是為了保護戰士不受攻擊，從遠處的城堡出發更顯示戰士捍衛家園的決心。我們常說巨蟹座是戀家的，不如說，巨蟹因有家（硬殼）而感到安全。就像這位戰士一般，為了內在的柔弱不被傷害，武裝了層層包裹的堅硬外殼，是為了打贏這場仗，更是為了滿足安全感。

戰車的前端有兩頭人面獅身獸，黑白兩色令人想起女祭司的黑白雙柱，代表著矛盾與對立的拉鋸。不同的是女祭司靜默中立，沒有任何行動。但是黑白的兩隻神獸卻被戰士穩穩駕馭，拉著戰車衝鋒陷陣。我們在牌面上沒有看到韁繩，戰士手上只有一支發號施令的權杖，卻能用堅強的意志力去控制神獸，可見戰士的智慧早已凌駕黑白兩獸的衝突對立了。

戰士從城堡駕車出征，代表他十分重視原生家庭的滋養。攻無不克的戰士內心其實是柔軟易感的蟹，只是他善用偽裝，讓自己看起來威武強悍，實則為了保護那容易受傷的纖細多情。如能駕馭內在的分歧，專注於理想的追尋，用智慧消融所有對立，打破既有框架（包括安全感）的限制，用理智判斷未來的方向，英勇迎戰不畏艱難，戰士終將贏得勝利，凱旋而歸。

那些故作堅強的戰士，時常抽到戰車牌的提醒與建議。我有許多個案諮詢感情問題抽到戰車牌，在愛情面前明明是個容易受傷的女人，卻武裝成驍勇善戰的模樣，硬要爭個輸贏對錯，最後往往兩敗俱傷，無人知曉她們內心的脆弱與無助。真正的智慧是凌駕於對錯之上的，就像牌面上的戰士駕馭著黑白雙獸。如果不去評斷孰是孰非，用更寬廣的視野看見對錯爭執背後的「缺乏安全感」，或許就有兩全其美的對策，不用流血廝殺，也可以獲得雙贏。

戰車的日常覺察

1.為了爭取勝利，追求理想抱負，我容易為達目的不擇手段，為了爭贏而不計代價？

2.我是否存在安全感的課題，無法坦然面對自己的軟弱，透過自我保護假裝堅強？

3.在高度競爭的環境裡，我是否能一如初衷堅持理想，為自己勇敢出征？

戰車的正念心法

1.我具備強烈的企圖心與意志力，以理智克服內心的矛盾恐懼，專注地往理想前進。

2.真正的勇敢並非打腫臉充胖子，而是坦然面對內在的矛盾與軟弱，以智慧消弭衝突對立。

3.真正的敵人往往並非外來的打擊，如果能戰勝內在的陰影，透過自律來駕馭情緒這頭巨獸，就是為自己打贏一場漂亮的戰役。

8
力量

與本能和諧共處，以柔克剛的內在力量

牌義關鍵字

充滿耐心愛心、循循善誘

以柔克剛、以德服人

我是充滿愛心的馴獸師。要馴服兇猛的野獸，需要耐心和毅力。我耗費大把時間陪伴，聆聽牠的需求，理解牠的習性喜好，用愛化解彼此的分歧與對立。同時調整自己的頻率，和牠一同吐納呼吸，生活作息。直到有一天，牠當我是夥伴同類，對我敞開了心。我可以摸摸牠的頭，像朋友一般互相信任，彼此關心。我知道自己不僅收服了一頭猛獸，也戰勝了內心的恐懼。

力量牌面上的女人，是一名馴獸師。她和魔術師一樣，在頭頂上方畫了一個無限符號，代表無限的靈感與智慧。要馴服一隻猛獸多麼不易。首先，要有過人的勇氣。猛獸當於前而面不改色，必是內在堅毅巨大的勇者。即使心裡害怕，也要冷靜沉著，才不會被猛獸嗅到恐懼的氣息，進而攻擊撲噬。用女性主角來展現力量，顯示真正的強大絕非外在實際的樣貌，更不是粗暴蠻力，而是內在的安定堅強，寧靜中蘊藏的巨大。

她同時也是一名女巫，通曉萬物的韻律，以及自然的頻率。她可以跟土地一同脈動，也可以和動植物和諧相處。她明白世間的能量法則，「越抗拒，越加倍」，如果非要和獅子拼搏打鬥，不免落得兩敗俱傷，最後還有可能被生吞活剝。最強大的力量並非以暴制暴，而是以柔克剛。假使能像安撫寵物那樣，溫柔與之共處，耐心培養感情，多付出關懷愛心，再兇猛的獅子，最後都會變成乖巧的貓咪。

她深諳獸性，就像理解自己的陰暗面，亦如熟知內心深處幽暗的情緒。當我們越是想要壓抑內在的猛獸，不管用鞭子抽，或用牢籠禁錮，難保牠哪日失去控制獸性大發，反噬的力量往往更是兇猛，難以抵擋。如能像是對待家貓般小心呵護、理解自己的內在獸性，當情緒如獅子般狂暴猛烈時，先別急著鞭笞否定，而是摸摸牠、接納牠，告訴牠「沒關係，我能理解」，用愛去慢慢感化，終有一天能和內在猛獸和解，相處融洽。當靈性智慧的我（人性），與熱情本能的我（獸性），可以和諧共鳴，我們就開發出內在源源不絕的原始力量，如獅子般勇敢強大。

我有位個案和母親的關係長年處於緊繃狀態，有次又被傷了心，來找我諮詢該用什麼態度和母親相處？他抽到了力量牌。我問他：「你是不是習慣和媽媽硬碰硬？」他點點頭說：「對啊，要對她低聲下氣我辦不到，我最討厭別人用情緒勒索我！」我問他：「你不是有養貓嗎？告訴我，你怎麼跟家裡的貓相處？」他舉了好多例子，貓咪個性難以捉摸，必須長時間培養感情，耐著性子取得牠的信任，不能勉強，必須讓牠心悅誠服才會死心塌地……我說：「是啊，想想如果用這種方式和母親相處呢？」他似乎有點懂了，他不喜歡被勉強，他的母親亦然。不管是面對內在陰暗面，或者討厭別人對待自己的方式（這往往是一體兩面），都需要耐心接納理解。當母親耍脾氣鬧彆扭時，如果能耐著性子安撫對方如獅子般暴烈的情緒，也關愛自己內在的小野獸，緊繃的關係也許就不再劍拔弩張，親子之間更能溫柔相待。

力量的日常覺察

1.我能接受真實的自我，並與內在的熱情/本能/情緒和平共處嗎？

2.當內在情感劇烈起伏時，我能溫和堅定地接納自己，而非一味壓抑隱藏？

3.我願意與恐懼為友，而非與之為敵，帶著無窮的耐心，用愛化解心中的暴烈與衝突？

力量的正念心法

1.我擁有足夠的智慧，具備過人的勇氣與自信，在壓力下仍能展現優雅與耐性。

2.認出我的內在力量，順應原始的本能與熱情，溫和且堅定地表現獨特的自己。

3.我相信「柔弱勝剛強」，即便不使用蠻力強碰，我仍有自信去克服所有艱難的生命課題。

9 隱士

成為眾人仰望的光，孤獨的求道之路

牌義關鍵字

謹慎小心、老朽過時

智慧導師、靈性導引、離群索居

踏著謹慎的步伐，我走在崎嶇坎坷的稜線，攀登上無人的頂峰。遠離熙攘熱鬧的人群，陪伴我的只有手上的油燈，還有一片白雪皚皚。我並不害怕寂寞，孤獨淬煉我的靈魂，滋養我的智慧。俯瞰山下塵世繁華，我抽離世俗眼光，重新審視過去的人生，有了不同以往的洞見。不知不覺，我成為眾人仰望的明燈、靈性的嚮導，他們循著我手中的燭光，一同走上艱辛的求道之路。

隱士是擁有豐富人生閱歷的智者。他們遠離人群，是為了尋求超越俗世觀點的洞見；他們享受獨處，因為環境越單純，越有利於他們思索過往的人生，認清內心真實的想法。他們擁有成熟的靈魂，不願流於凡俗地活著，因此他們總不斷往內探問，追尋靈性的提升。

隱士走的是一條自我探尋的道路，沿途除了自己，不會有其他人。因此，求道的過程並不輕鬆，還必須忍受孤單，箇中甘苦無人知曉，也無人得以體會。或許剛開始還有旅伴一同披荊斬棘，共度難關。隨著旅途更深探個人內心的世界，越趨向個體化的經驗，最後，就只剩下他自己了！

隱士之路看不見終點，引領他不斷向前的是內在的靈性之光。他同時是潔身自愛、律己甚嚴的完美主義者，所以每跨出一步，都必須小心謹慎，以免不慎墜入深淵，甚至萬劫不復。凡他行經的道途，都將成為眾人仿效追尋的典範。隱士的言行、他的經驗、他的一生，都是他奉獻給世人的寶貴資產，他也從利益眾人的過程中，一次次重新認識自己，讓靈魂的拼圖趨於圓滿、完整。

曾經報名一系列課程，當時和主辦單位聯絡溝通時，就感覺行政流程不太順暢，行前我抽了塔羅占卜上課狀況，結果出現了隱士。實際狀況果然符合我的猜想，各方面都不太理想，也沒有達成預期的學習成果。此時我回過頭來再思考那張隱士牌，突然有種恍然大悟的感覺。比起上課實際所學，更大的收穫來自於看見自己的獨立與成長。以前我總是呼朋引伴一起去上課學習，這次我自己一個人去。如果遇到類似狀況，過去的我一定受到影響，跟著動盪不安。但這一次，我只是遠遠地看著環境一團混亂，獨自抽離暴風圈，不陷入是非紛爭，卻仍保持觀察。映照當下的心境，從中看見自己的穩定與進步，這是很個人的經驗，過程雖然孤獨卻美好。這是我第一次，遇到所謂的「壞事」，卻抽到了「好牌」。的確，這個經驗在我的生命裡，獲得大過於失去，或者說，我根本不覺得有什麼損失，就像隱士遠離繁華塵世，卻一點都不覺得苦。

隱士的日常覺察

1.雖享受獨處，但仍能體察他人需求，培養對他人的慈悲與同理？

2.不管律己或待人是否都過於嚴苛，或因自我封閉而跟不上大環境的變遷？

3.是否信任內在的智慧導引？在困惑中仍能堅定信仰，走出一條自我專屬的道路？

隱士的正念心法

1.相信我是具有高度智慧的靈魂，我就是自己的心靈導師！

2.我品嚐孤獨的美好，遠離塵囂讓我沉澱思緒，心如明鏡。

3.指引他人跟隨我的步伐，透過反省洞察，將人生閱歷轉化為珍貴的養分。

10 命運之輪

在變動中擴大經驗，在無常中學習彈性

牌義關鍵字

擴充經驗與學習
命中注定的改變、自然的循環

宇宙的運行牽引著每個人的命運，冥冥註定，不可抗拒。星辰推移、四季更迭、日夜交替……猶如滾動的齒輪，帶著生命不斷前進，時有變動，時有衝擊，唯一的恆常，是這不停歇的流動。我無力抗拒，並非認輸投降，而是明白所有不可預期的背後，總會帶來生命的禮物。當我臣服於命運之輪的引領，我習得無常的教導，知曉自然的韻律。

命運之輪帶來不可抗拒的改變。突如其來的變化不免打破人們習以為常的慣性，也考驗著安全感的課題。我們總是希望能掌握所有，期盼一切永遠不會變。但世上唯一的恆常，就是無常。就像寒冬過去冰雪消融，成了春季滋養萬物的水分，漫長的黑夜之後終將黎明破曉，潮起緊接著潮落，這樣永不止息的轉變，就是宇宙不變的法則。

生命中所有的發生，都不是突發，更非巧合，而是推動著我們向前邁進的助力。如果緊緊抓著過往習性不願放手，試圖與命運對抗，我們就會在過程中痛苦掙扎，僵持困頓。命運之輪所帶來的改變是人力無法抗衡的，也是人心無法預料的，諸如企業裁員、景氣蕭條、喜從天降、一見鍾情、陰錯陽差、街角邂逅、轉身摔跤……如果可以在變動中保持彈性，順應生命的流動與安排，那麼這些事件就只是生命中的插曲，還能為一成不變的固著僵化，帶來變動與刺激。

命運之輪是上天的恩賜，為生命開啟了新的契機，也在流動中累積更多的人生智慧。接受與臣服，並不等同於放棄投降，而是放下對現況的執著，以正面的態度去回應各種突發狀況。命運之輪擴大了我們的生命經驗，也提升了我們應變的能力與彈性。將改變視為學習的機會，順其自然不強求，再大的考驗都可能成為你的幸運！

常常在分享這張牌的時候，都有個案或學生問我，命運之輪帶來的到底是好運，還是厄運？說真的，我越來越覺得命運之輪帶來的都是好運，即使讓人措手不及，但背後肯定隱藏著生命的禮物。這樣的說法或許讓人難以接受，但是唯有如此解讀，才能讓這個轉變過程得以順利進行。命運之輪伴隨著不可預測的改變，打亂原有的計畫，例如本來要出國旅遊突然遇到颱風，只好取消行程在家看影集；想要專心讀書準備考試，卻突然墜入情網，陷入熱戀；原本要去吃拉麵卻走錯了路，意外發現好吃的滷肉飯……當我不執著「一定要怎樣」的時候，命運之輪反而引領著我去閱覽不同的人生風景，超乎意料之中，卻份外動人美麗。

命運之輪的日常覺察

1.我相信人定勝天，還是隨遇而安？我的執著抗拒，是源自於勇氣與渴望，還是不願改變、害怕失去？

2.我相信所有發生都不會是沒有意義的？我總可以在變動中學習成長，累積經驗嗎？

3.我相信自己擁有因應改變的能力嗎？即使世事無常，也能坦然面對嗎？

命運之輪的正念心法

1.敞開心胸，接納人生種種際遇，將開啟更廣闊的可能性，讓喜樂與幸運進駐你的生命。

2.我是被愛與安全的，命運之流會帶領我在高低起伏中乘風破浪，化險為夷。

3.我相信一切來到身邊的都是我可以應對的，所有的遇見都是生命的禮物。

11 正義

揮下智慧的寶劍，回歸公平正義的決斷

牌義關鍵字

重要的決定、以法律解決問題

公平正義的判斷、找到平衡點

我不偏不倚地坐在雙石柱的中央，左手拿著天秤衡量輕重，右手筆直舉起鋒利的寶劍，隨時準備揮下，做出公平正義的決斷。經驗讓我知曉，世事並不是非黑即白，昔日的所做所為造成當今的局面，所有結果我都必須接受，才能將過去一筆勾銷做個了斷，然後從平衡的基礎點上歸零再出發。

正義女神擁有中性的面容，平衡陰陽的對立，坐在雙柱的中央，舉起智慧的寶劍，準備做出公平正義的決斷。在埃及神話裡，女神瑪特（Maat）在人死後的陰間，拿起衡量輕重的天秤，將死者的心臟放在一端，另一端則以羽毛為法碼，心臟必須與羽毛同重或更輕，才能通過審判，有罪者將被怪獸吞噬，以示懲罰。

一個人過去的所做所為，導致今日不可挽回的局面。正義就是為了「平衡」過去的「失衡」而存在。就像人類社會的法庭，受到冤屈的人透過法官裁決洗刷清白，犯罪之人也難逃法律制裁。正義顯示這個「平衡」不公不義的過程。假使過去我們一直很努力而沒有回報，正義會還給我們一個公道。如果做了虧心事，或做了佔別人便宜等不公不義之事，正義牌也會執行應有的懲罰，讓天秤的兩端再度恢復平衡。

正義顯示，我們必須為過去的行為負起相對的責任，無論得到什麼結果，都是自己造成的，必須坦然接受。正義同時提醒我們，當下的這個決定，將會影響後續發展，所以必須想清楚再判斷，衡量輕重再決定。想得什麼果，必先種下什麼因，無論人間法律或宇宙法則能否約束個人行為，我們都必須為自己的所做所為負責，即使在無人知曉的狀況下，也要對得起良心，平衡內在的天秤，帶著如寶劍一般明晰鋒利的智慧，平衡輕重緩急，做下理智清明的判斷。

正義常提醒我們要冷靜判斷，在理性下做出智慧的決定，有時也代表著事情即將有個了斷。例如我曾有位個案的父親被重症疾病折磨了好久，在他過世的當天，這位個案抽到了正義牌，他父親病痛多年，終於在那一刻獲得解脫。在處理後事的那段時間，他又抽到好幾次正義牌。原來，父親離世之後，孩子們接手他留下來的資產，才發現牽涉廣泛又複雜，必須要透過法律途徑才有辦法釐清，也才能獲得一個大家都可以接受，並且公平公正的結果。這也十分符合正義的牌義，透過法律這把銳利的劍，才能抽絲剝繭，讓真相得以大白，天秤能夠回歸平衡。

正義的日常覺察

1.我是否願意為自己過去的做為負起責任，並且從現在開始種下善因？

2.我的內心是否有一把尺，追求公平公正，對事物有自己的一套判斷？

3.我擁有高度的是非對錯觀念，以內在的規矩做判斷，也提醒自己避免過度嚴苛挑剔？

正義的正念心法

1.我對自己完全誠實，堅守內在信念與法則，也為捍衛真理自由而努力。

2.我的內心有一座衡量輕重的天秤，追求公平正義，也相信因果規則。

3.我能在混亂當中洞察真相，當我果決揮下智慧的寶劍，是沒有任何模糊地帶的。我願意為過去與當下的決定負責，也接受未來任何結果。

12 吊人

在無助中獲得啟發，在困境下靈光乍現

牌義關鍵字

痛苦考驗、靈性開悟
懸而未決、犧牲受困

為了更高的理想，我甘願犧牲，無私奉獻，卻受限於困境之中，動彈不得。我像是從陸地進入了海洋，來到水面下波光粼粼的世界，卻發現什麼都做不了。過去的視覺印象頓時扭曲變形，失去重力讓我迷失了方向，我頭下腳上，對現況無能為力，也束手無策。慢慢地，我接受並臣服於困境，才發現倒過來看整個世界，竟別有洞天。我找到一個重新看待事物的視野，也在困頓中領悟了生命的真相。

吊人是一位殉道者，他犧牲個人私欲與利益，只為成就更高的理想。他不是被迫做下選擇的，而是出於自發的內在動機。然而，無法積極作為的困境仍令人煎熬無奈，不知何時才能脫離苦海。吊人的力量被架空，孤立無援，有志難伸，即便有想法計畫，也無法施展身手，只能靜待時間過去，終有一日能重獲自由。而這看似「無為」的歷程，其實有更深層的意義。

吊人身處的困境有別於以往所經驗過的。當一切習性都被顛覆，過去的行為模式都已不再適用，甚至無力改變現況，吊人該如何自處？如果只是陷入無止盡的怨懟與絕望，那麼這段犧牲就失去了意義。不浪費力氣去掙扎、否定、抗拒，而是將焦點放在自己身上沉潛反思。吊人心中永遠存有一線希望，還懷抱著理想，他們並不因此放棄人生，絕境裡仍不忘自我反省與覺察。

吊人教導我們，所有受困的過程並非徒然無用，反而像是宗教儀式上的淨化與開悟，如果我們願意臣服，願意犧牲短暫的利益，而為更高層次的願景奉獻……即便身處僵局困境，仍可以從不同以往的角度，看見全新的風景，並從中洞察世事的真相，獲得靈性的成長。開悟的感動將幫助我們的生命恢復流動，突破侷限，釋放因自我犧牲而產生的受害者情結，重新解讀身處的局面。

曾經有位孕婦個案來找我，別人是產後憂鬱，但她在產前就開始憂鬱了。當時她抽到了吊人牌，向我訴說孕期的委屈。孕婦有太多事情不能做，所有人都告訴她「一人吃兩人補」，不要管產後減肥的事啦，拼命吃就對了，她明明吃了很多，卻都胖在自己身上，胎兒體重仍落後標準值，讓她備感壓力。同時，她被迫放棄了原本熱鬧的社交生活，以前偶爾和朋友唱歌跳舞喝喝小酒，現在菸酒都不能碰，朋友聚會都不找她了，滿腹委屈亦無處傾吐。她不懂為何生孩子必須犧牲這麼大，整個孕期就像是在坐牢，身陷囹圄無法脫身。以上，不是很符合吊人的處境嗎？為了遠大的理想（生孩子），必須把個人的感受擺一邊，受困於孕期的種種不適與限制，想自由卻無法脫身。建議她從不同的角度來解讀當下的困境，與其感到受害無助，不如重新思考這些過程為她帶來的歷練與成長。成為一位母親不是簡單的事，這是她此生第一次為了「別人」而放棄享樂。為了孩子生下來可以健康平安，她慢慢發現這其實不是「犧牲」，背後隱藏了更多的母愛，還有心甘情願。

吊人的日常覺察

1.即使無法積極行動，我仍不逃避現實，不願麻痺自己，對未來仍抱有期望與信心？

2.在困境中我不抱怨，也不因此感到受害，反而試著換位思考，顛覆過去對事物的看法？

3.當事與願違時，我願學習謙卑與放手，並且提醒自己不要透過犧牲來換取被愛與認可？

吊人的正念心法

1.即便無能為力，無法有所作為，我仍願意沉潛反省，從不同以往的眼光，去重新解讀所知的世界。

2.外在環境只能限制我的行動，卻無法限制我的想法。獨到的洞見創造了我無可取代的價值。

3.我樂於奉獻，甘願犧牲，付出不求回報，並且願意和眾人分享我的體悟與看法。

13 死神

失去後必有獲得，徹底臣服才能重獲新生

牌義關鍵字

結束後開始、除舊布新
必死的命運、重大轉變

我是令人聞風喪膽的死神，我駕著白馬，揚起旗幟，所到之處無人抵抗得了我的召喚。在我面前，無論你是男人女人、窮人富人、王爵百姓……一切依我安排，通通沒得商量。我踏過王者的屍體，他的皇冠在我無情的馬蹄下粉碎；如花少女在我面前瞥頭哭泣，不願正視我的容貌；純真的孩童不識我的可怕，還當我是親切的好友；只有教皇欣然接納我的到來，知道此生終將與我相遇。我帶著亡者，渡過冥河，穿越生與死的帷幕。遠方的朝陽升起，靈魂將再次踏上另一段旅程……

死神帶來死亡的訊息。極少人可以起死回生，大部分的死亡，都是不可逆的過程，也是不可抗拒的命運。我們都知道，世間沒有什麼是恆常不變的，人的生命亦然。在死亡面前人人平等，不管你是路邊的乞丐、富可敵國的有錢人、改變歷史的發明家、稱霸一方的帝王，或者是一般平民老百姓……全部都難逃一死。

這聽起來很消極，令人洩氣，但死亡並不是結束，只是一個階段的完結。因為世事無常，沒有什麼是永久不變的，在生死的循環裡，「完全地死去」才能「嶄新地重生」。如果你相信靈魂的轉世，或者認同靈魂不滅，那麼此生的結束只是階段性的過程，站在靈魂的觀點，祂只是前往下一段旅程罷了！傳統死神手裡總是拿著鐮刀，雖有其神話背景意涵，但也像是死神收割人的生命，卻帶來靈魂的重生，如同佛教稱死亡為「往生」，所有失去背後必有獲得，這是宇宙的平衡法則。

當死神來敲門，無論你畏懼、抵抗、逃避、憤怒……祂終究會找上你，只是早晚的問題。如不願面對死亡，只會更痛苦煎熬，心裡更難受而已。說來好像很容易，但有誰不怕死？縱然不是生命的死亡，即使只是舊思維、舊觀念的崩解，人際關係、工作職務的結束，都不免讓人擔心害怕，希望一切如昔，不用面對未知的不安，那該多好？但這是不可能的！如果什麼都不變，生命永不消逝，世界人口會爆炸，人們不會進步，舊的不去，新的就永遠進不來！唯有臣服死亡，接受必然的結束，明白過去的已不再適用，必須完全放下，才能展開新的階段，讓未來更輕盈自在。

我在占卜實務上偶爾會遇到情傷的個案，在分手之後抽到這張死神牌。他們通常還存有一線希望，期待兩人可以順利復合，重拾往日的甜蜜美好。人死不能復生，破鏡也難重圓，死神帶來不可逆轉的改變，關係的裂痕一旦產生，就很難修復。如果執著於「永遠不變」，那可能就會在半死不活中痛苦掙扎，無法順利踏入下一個階段，重新再愛。所以此時可以做的只有放手，讓對方離開。聽完以上建議，他們仍不死心：「難道完全沒有復合的機會嗎？」在我的經驗裡，死神所代表的關係通常就是不可避免地結束了，很難起死回生，但凡事沒有絕對，除非兩人願意以一種全新的方式相處溝通，就像是兩個重新投胎的人，初次見面那般相遇，陷入戀情，建立親密關係……讓過去的那個自己死去，讓固有的感情觀念死去，是死神帶來的轉變與祝福。

死神的日常覺察

1.我是否執著於現況，不願放下現有的一切？無法接受改變的背後，是擔心害怕些什麼？

2.我願意相信生命自有出路，即使現階段必然結束，未來仍有待我開創並值得期待？

3.我願意割捨那些不再滋養我的關係，放下陳舊腐敗的觀念想法，丟掉日常不再使用的物品？

死神的正念心法

1.我相信命運自有安排，放下執著，接受必然的結束，才能迎接美好的未來。

2.我願意除舊布新，將不需要的斷捨離，讓新的人事物進駐我的生命。

3.我相信失去必帶來收穫，結束後必然重生，就如日升日落，萬物循環。

14 節制

調節偏失與衝突，達到內外的平衡一致

牌義關鍵字

療癒淨化、平衡失調

協調融合、中庸之道、管理調控

天使是神的信使，人的守護者。站在人與神之間，跨越陸地與海洋的分界，如何在分歧中找到共同的語言？如何在分別中消弭矛盾對立？祂手上的杯子裝盛陰陽兩極，杯子裡的液體在交流中融合，慢慢成為第三種品質。潛意識與表意識的交融協調、內在與外在的表裡和諧、陰與陽的兼容並蓄……來自於更強大的約束力量。跳脫偏狹極端的傾向，以清明的視角重新看待分歧，眼前的道途逐漸明朗清晰，循著心的指引、新的觀點，逐步邁向理想的王冠。

要堅定一個信念，養成一個習慣只需要持之以恆，不斷強化……價值觀的鞏固、慣性的建立，容易在無限擴張中造成極端僵化，最後導致失衡。就像行進中的車輛持續踩著油門，終將在過彎時失控翻車。小酌可以放鬆怡情，如若過度飲酒，就容易上癮，最後變成酗酒，甚至酒精中毒而不可自拔。適度的運動會刺激腦內的多巴胺分泌，讓情緒放鬆愉悅，但過量的運動反而會造成肌肉與筋骨的嚴重損傷。享用美食讓人飽足滿意，但是暴飲暴食會吃壞肚子，營養過剩會讓人肥胖致病。

踩油門是容易的，但控制煞車卻是困難的，需要更強大的力量與技巧。節制牌展現的就是煞車的功力。當我們堅守內在信念，到無限膨脹，僵化而不知變通，那麼「適可而止」的約束力，就非常必要了！凡事過與不及都容易失衡，節制不是壓抑抵抗，而是一種自然而然的平衡與協調，避免偏激的中庸之道。

所謂的「中庸之道」並不是取中間值、兩面討好的牆頭草，更非沒有立場。而是如何從對立、極端、分歧、衝突之中跳脫，站在中立客觀的角度協調平衡，最終達到和諧的過程。就如同民主政治裡，每個人都持有不同的意見，擁有不同的需求，倘若只照顧某部分人訴求，必定造成內部的分裂與對立。為了邁向更遠大的理想，得到讓全體都獲益的結果，必定要善用「節制」的力量，溝通協調後取得共識，國家這部巨型機器才得以運作。節制的目的猶如圖面那條通往王冠的小徑，是為了更高的榮耀與理想，如果無法弭平內在的衝突，如果走向偏激歪斜的道路，那麼未來就像一輛高速行駛的無人列車，終將失控翻覆，永遠到不了目的地。

節制是我塔羅靈數裡的陰影牌，也是我在人生路上必須克服的主要課題之一。我的確有「過度」的問題，最常發生的就是過勞工作。我喜歡把工作在最快的時間內，花費最少的力氣，用最有效率的方式完成。我曾經在一天之內寫了兩萬多字的文案，當我鬆了一口氣，準備隔天開始躺在沙發上耍廢追劇，沒料到當晚急症發作，花了一個多月治療，才把身體調養過來。這種事情屢見不鮮，「適可而止」對我來說始終是一門不容易的學問，不僅止於工作，在休閒放假的時刻，我曾整天沉迷手機遊戲，最後肩膀拉傷手指脫臼，還需要長期推拿針灸，才逐漸恢復健康。聽起來很不可思議，但這就是我的真實人生。所以當我又抽到節制牌，就知道該適時踩煞車了。提醒自己不要偏執過度，不管是為了爭取權益，或急於完成階段性任務，都要採納不同的意見，整合內外在的需求，調整適切的心態和腳步，才能走得更長更遠。

節制的日常覺察

1.我是否過於堅持己見，缺乏彈性，不願傾聽不同的聲音，整合各種意見？

2.我擁有良好的生活作息與飲食習慣，不過度、無不及，時時保持平衡與適度？

3.與其用激烈的手段處理問題，我是否更傾向溫和地溝通，以達成集體的共識？

節制的正念心法

1.面對種種矛盾對立，我傾向運用更高的智慧與力量，調和極端與失控。

2.我願意融合內在的知識與外在的經驗，透過意見交流的方式，與人溫和地溝通。

3.我願意保持彈性，懷抱慈悲的心去消弭分歧對立，在失衡中找到平衡的道路。

15 惡魔

物質法則下的成功，反成了靈性成長的枷鎖？

牌義關鍵字

利欲薰心、靈性的沉淪、偏重物質法則、傷害／危機／上癮

我是物質世界的贏家。世俗眼裡的榮華富貴，遠不及我源源不絕的欲望，再多的功名利祿，也止不住我對成就的飢渴。我拿靈魂跟惡魔交換，犧牲了自由與夢想，即使受困掙扎，還是心甘情願、不可自拔地，成為欲望的奴隸。日復一日，陷入無止盡的惡性循環，甚至看不見其他的可能性，我的世界陷入一片黑暗，沒有一絲光明。

惡魔牌的構圖與戀人牌類似，只是亞當夏娃長出了獸角，天使的祝福成了惡魔的詛咒⋯⋯一切都變了調，連天空都籠罩著黑暗。的確，亞當夏娃踏出伊甸園之後的人生旅程，其中一個結局就是這張惡魔牌。戀人牌揭示了人生重大的轉折，只要帶著愛去選擇，就能獲得上天的祝福。惡魔牌顯然選擇了另一條路，出於恐懼與匱乏的決定，終將導致無止盡的惡性循環，無法跳脫的綑綁束縛。

惡魔牌是現實世界的贏家，如果你要獲得功名利祿，享盡榮華富貴，他可以帶給你物質法則裡最好最棒的戰利品，但背後可是要付出同等的代價。這張牌其實並沒有圖面看起來這麼負面可怕，而是真實生活的必需與尋常。人生在世，吃飽穿暖是最基本的生存條件，為了現實考量有時不得不低頭，為了賺錢什麼都願意犧牲妥協。我們何嘗沒有「惡魔」的一面？在生存需求被滿足了之後，才有餘力去追求精神的富足。

但惡魔的另一個極端導向靈性的沉淪。惡魔是欲望創造的形象。圖面上的男女受到鎖鏈的控制，但束縛他們的元兇難道是這肉眼看不見的惡魔？或者是他們對欲望的執著，創造出自我限制的牢籠？惡魔在現實世界十分必要，人類因匱乏得以不斷進化，享受越來越富裕的生活。但久而久之，不知適可而止，沉溺於物欲權勢的渴望之中，卻會讓人陷入無法自拔的循環。唯有身陷囹圄，才會打破框架，掙脫桎梏。當物質享受已經無法填滿我們的心，名利也無法帶給我們快樂，我們才會回歸靈性的思考，重新定義何謂真正的自由。

惡魔的牌面看起來令人害怕，但實際上卻帶來物質的成功與豐盛。我曾有位個案要轉職，條列了好幾個工作選項，我幫他用選擇性牌陣評估分析。占卜結果顯示有個工作的未來發展出現了惡魔牌，解讀之後他恍然大悟，原來這份工作提供了高於業界行情的薪資，但是後來耳聞該企業並非正派經營，私下有些違法的行為與他的理念有所違背。不過這份薪水實在令人心動，讓他感到兩難。我也有學生在一早的日運占卜中抽到這張牌，抱著忐忑的心情去幫公司提廣告企畫案，沒想到竟成功拿回案子，只是後來就陷入了沒日沒夜的趕工加班地獄，但也獲得了不錯的工作獎金，這就是惡魔的世界。

惡魔的日常覺察

1.我是否受困於物質法則的框架，無法看見世俗的光明面，為現實事物帶來精神上的意義？

2.我是否對生命缺乏完整的觀照，有過度現實的傾向，因狹隘的視角限制了靈性的覺察？

3.彼此束縛的關係是來自於欲望和控制，恐懼和匱乏，還是來自於愛與包容？

惡魔的正念心法

1.我工作認真，盡情享樂，認同自己的野心，也接納各種欲望是驅動我邁向成功的力量。

2.透過追求世俗的功名利祿我努力創造，經由掙脫執著的物欲我覺醒成長。

3.當意識到被現實困境限制綑綁，我跳脫無用的受害者情結，放下執著才能重獲自由。

16 高塔

來自外力的強大破壞，徹底毀滅才能重新建設

牌義關鍵字

外來的災禍、自作自受

崩解毀壞、砍掉重練

我在自己的領土上，興建一座通天高塔。一磚一瓦慢慢堆疊，從平地逐漸向天空延伸，即將完工之際，我站在塔頂，往下俯視一望無際的大地，睥睨我腳下的萬物眾生，一股優越感油然而生，我就是高高在上的王，擁有神一般的尊榮偉大。突然，一道雷電驟然劈來，擊中高塔頂端，迸出刺眼的火花，一瞬間火勢蔓延，建築結構開始崩塌。我不顧一身美冠華服，倉皇逃生卻發現走投無路。站在搖搖欲墜的窗台邊，除了縱身跳下，我沒有別的選擇……

高塔顯示了天災，亦是人禍。試想，在久遠的過去，教堂通常是城市裡最高的建築。在建築結構學尚未成熟的年代裡，沒有地基結構的概念，如要建造一座高塔，除了要擔心地震，也無法預防雷擊的災害。是什麼樣的人，會有如此野心，建造這樣危險的高塔？竟敢凌駕教堂之上，稱霸一方之地？想必是一位自我膨脹、觀念錯誤的有錢人。

基礎不夠穩固的高塔，就像是意圖不純正的行動。突如其來的雷擊，不是「因」，而是導火線，高塔倒塌是必然的結果，只是外力加速推了一把罷了！當高塔搖搖欲墜，人在裡面還死守著不逃命，只會傷得更慘。即便這座塔一時半刻還沒倒，也成了一棟可能隨時崩塌的危樓，如想局部補強，也是徒勞無功。想想那些強震之後，結構受損的高樓要怎麼處理？只有打掉重蓋的份兒！

當「高塔」帶來警示的訊息，我們得特別小心突如其來的外力，帶來毀滅性的傷害。高塔可能象徵我們內在堅固的信念，或者習以為常的價值觀、自以為是的偏見，如果你只把外力當作不可抗的天災，而缺乏自我反省，那重蓋的高塔一樣很快又會倒。那道閃電，其實是天啟。猶如上帝之手，為我們的僵化執著開啟了一個新的可能。此時如果和命運對抗，你會發現扶著東牆，就倒了西牆，這座塔終究會完全崩壞，勢必整座淘汰。不如臣服於天意，趁早砍掉重練，從頭來過。破壞重建的力量將帶來新的生命力，為我們建立更健康合宜的價值觀。

關於高塔的教導，我本人有過慘痛的經驗。第一次認識這張牌時，我才剛開始學塔羅，看到這樣的畫面，實在很難想像有什麼能逼得我跳樓逃生。2012年我陷入谷底，進入了長達一年的轉化期，這張牌不時出現和我打招呼，徹底瓦解了我的價值觀，甚至是自我認同的方式。求學過程裡，我一向風光順利，十幾年前進入自我探索的歷程，我學習了很多技術工具，包括催眠、塔羅、靈氣等，以為自己學得不錯，不管是對知識的理解或技術掌握都能快速到位，殊不知這些讓我琅琅上口的大道理不僅是學問而已，還需用生命去體驗，如果無法落實生活，就只是紙上談兵而已。過去，以為透過堅強的意志力我無所不能，但這一年我卻發現，學得再多再好也幫不了自己，除非我親身經歷。終於，我徹底放下臣服，讓那些曾令我引以為傲的都瓦解崩壞，灰飛煙滅。我才發現這道摧毀一切的雷電，開啟了全新的視野，我看見世界之大，看見自己的渺小與無能為力。然後，我學會了謙卑，也重獲新生。

高塔的日常覺察

1.當沒有預料到的外力/衝突，改變了我預定的想法/計畫，我願意臣服於現況，重新修正行動方針與策略？

2.與其執著於錯誤的想法、不合時宜的觀念，我願意放下過去的堅持，從頭來過？

3.如果遭逢危機巨變，我懂得隨機應變，自我反省，而非怨天尤人，坐以待斃？

高塔的正念心法

1.外力的破壞崩解，是為了要我們重新建立正確的觀念，培養強健的體質。

2.我願意在錯誤中反省修正，臣服於更高智慧的教導，只要還有一口氣在，就可以重新來過，東山再起。

3.感謝生命中所有的發生，都是為了讓我們成為更強大的人。

17 星星

黑暗中的一線希望，啟迪靈感的點點星光

牌義關鍵字

深具樂觀／理想性、靈感啟發

理想與希望、分享與回饋

當黑暗籠罩大地，伯利恆之星升起，閃耀熠熠光芒，點亮了寂寥的夜空。七行星在軌道上運行，冥冥中牽引著地面上的人們。朱鷺在樹枝上啼鳴，喚醒了潛意識深處的秘密。一腳踏在土地上，一腳踩進池塘裡，雙手拿著兩個水瓶，汩汩流出清甜澄澈的水，一邊分享給大地，一邊回饋給水源。

星星牌面上最耀眼閃亮的那顆八角星，即《聖經》上記載，耶穌出生前夕東方升起的伯利恆之星。愚人的旅程經過了「高塔」的打擊破壞，內在信念全然崩解，讓人經歷了一無所有的絕望。在最黑暗的時刻，明亮巨大的星星從地平面上升起，為人們點亮希望，願意重新相信，這是多神奇的時刻，如同靈魂的救贖！

牌面上這位女神，是埃及的天空女神努特（Nuit），在許多壁畫中，她將身體撐成拱頂蒼穹，在大地之神蓋伯（Geb，同時也是她的丈夫）之上。她在向晚時分將太陽從口中吞嚥下肚子裡，黎明前再從陰戶重生。行星在以努特身體形成的軌道上運行，她常以裸體形象示人，以星辰遮身。星星牌上除了伯利恆之星外的七大行星，就像月亮作用於潮汐般，無形之中牽引著我們的命運，在看不見的層面，帶給我們巨大的影響。星星牌揭示了意識底下的秘密，看似無意義的巧合，冥冥中都在宇宙運行的規則之下。樹上的朱鷺是埃及的托特神（Thoth），守護宇宙的秘密與知識。所以星星牌象徵無法言喻的神秘面向，像是天啓，也是無形的引力所帶來的希望和靈感。

此外，這名裸女雙手所持的兩個水瓶也大有玄機。有趣的是她一腳在土地上（可意識的現實面），一腳在池塘裡（無法意識的精神面），一個瓶子將水分享給土地，另一個將水回饋給池塘。猶如星星牌對應占星的水瓶座精神，跨越有形與無形世界之間，熱愛神秘的精神領域，願意無私奉獻，回饋社會的博愛胸懷。

星星帶來的靈感，常有一種天外飛來一筆，帶你翱翔外太空的出格跳脫，像是黑暗中乍現的星光，也在絕望中帶來希望。我有位學生是活動主持人，有次遇到一個控制欲很強的業主，讓她非常擔心如果發生意外狀況，流程銜接出了問題該怎麼辦？結果出現了星星牌，當天活動的確發生狀況，音響在關鍵時刻竟然沒有聲音，好在這位稱職的主持人急中生智，臨時想了一個小活動將尷尬填滿，也成功化解了危機。事後她回想，當下零點零幾秒的空白，讓她以為完蛋要開天窗了，沒想到靈感乍現，瞬間為她解圍，也親身體驗了星星創造的奇蹟。

星星的日常覺察

1.我是否願意成為他人生命中的星星，帶來光明希望，也不吝於回饋分享？

2.我是否願意開放可能性，讓神秘與無形的指引，為我帶來靈感與啟發？

3.我相信在心靈的深處，意識無法觸及的領域，奇蹟總是會以神秘的方式發生？

星星的正念心法

1.相信就是力量，即使身處絕望與黑暗，即使一無所有，我也從不放棄希望。

2.我對於命運有強烈的感知力，把握一閃即逝的靈感，相信在無法理解的神秘層面，冥冥之中自有安排。

3.我接受來自無形世界的啟迪，並將洞見分享給大眾，將所知回饋給社會。

18 月亮

探入意識的水面，從陰影中學習信任，分辨真實

牌義關鍵字

隱藏危機、難以捉摸

不安恐懼、欺騙幻象

月黑風高的夜晚，視線在迷霧中顯得模糊不清，眼前一片朦朧黯淡，稍有風吹草動，就勾起內在最深層的不安。趁著一片混沌未明，螯蝦爬出了水面，狼犬哀嚎悲鳴，緊張的氣氛逐漸凝聚，一觸即發。黑暗豢養了恐懼，成了我不敢正視的可怕怪獸，懷疑在心中逐漸孳生，沒有什麼值得我再去相信。

是否曾在輾轉難眠時，黑暗中伸手不見五指，聽著深夜各種紛雜擾人的環境音，許多平日未曾意識的恐懼隨之翻湧心頭，越演越烈，最後讓人漸漸失去理智，更無法安然入睡。月亮牌講述的就是那樣的夜晚。當太陽落下，心中的希望隨之黯淡，朦朧月光模糊了視線，讓人看不清前方的道路，不由自主地提高警覺，預防各種潛藏的危險。

人在看不清楚的時候，往往會增強潛意識的活動，用想像力來填補眼睛看不見的部分。平日的理智隨之削弱，逐漸退居幕後，意識底層埋藏的情緒便在此時紛至沓來，以各種令人驚懼的形象張牙舞爪撲來。看不見的往往最可怕，當太陽升起，濃霧散去，我們可能會發現這齣恐怖片其實是內在黑暗的投射，就像皮影戲裡的可怕猛獸，也許只是一張小紙片，卻能在潛意識的帷幕之下，被想像力渲染成巨大的威脅。

月亮的情境雖令人不舒服，其存在卻是必要的。潛意識的活動掀起內在的驚濤駭浪，也讓很多平日不見光的晦暗感受重新被審視。在一切渾沌未明之時，我們會親身走過內在探索的歷程，包括自欺欺人、迷惘受騙，也可能是草木皆兵、杯弓蛇影，或者自己嚇自己，讓想像力引導所有發展……這些複雜的內心戲或許不會立即顯現於外，造成什麼實際的影響，卻深深影響我們對世界的理解，也協助我們撥開迷霧，探索自己，發現真相。月亮教導我們透過內在的懷疑，去學習真正的信任。那些讓我們看不清真相的事件、找不到根源的感受，都值得好好懷疑，透過本能的警覺再次確認釐清，最後才能判斷何謂真實。

相較於高塔牌帶來的震撼教育，月亮牌讓人籠罩在一片朦朧未明之中，心裡更是煎熬難耐。每當月亮牌降臨我的生命裡，那段日子我肯定過得比較憂鬱晦暗，夜裡夢境特別多，甚至勾起塵封的古老記憶。月亮也提醒我往潛意識深處探索，那些被我遺忘、卻仍深深影響我的人事物。出社會好幾年後，我還時常夢到國中讀升學班的時光，匆匆忙忙趕到教室，才發現作業忘記帶，或者被老師指派上台解數學題目，卻怎麼樣都算不出來。當我驚醒，都鬆了好大一口氣，好險不用再為了考試讀書，也不用上台演算數學給全班看了。對應當時的真實生活，我正在籌辦一場建案開工記者會，學齡時期那些準備很久卻功虧一簣，或當眾出糗開天窗的恐懼還埋藏在記憶深處，一旦有類似的壓力，就會把過去被忽略的感受一併引爆，無名的情緒讓人驚惶無措，看不清自己到底擔心些什麼。潛入意識的深淵，找到恐懼的根源，才發現害怕的不是當下的情境，而是過去那個沒有被好好善待的自己。

月亮的日常覺察

1.當情勢朦朧未明，幻覺將焦慮無限放大時，我容易被恐懼宰制，對未來失去希望？

2.我是否因自我懷疑，無形間削弱了內在的力量？如果將質疑的態度轉為積極地探索或提問，是否會更有助益？

3.我是否信任內在指引，透過敏銳的直覺避開潛在的危險，覺察迷惘與欺騙？

月亮的正念心法

1.我學習在困惑中信任自己，從懷疑中判斷真實，在探索內在的過程走出個人專屬的旅程。

2.我對潛意識與夢境保持好奇，當深入其中看清真相，就不再惶惶不安。

3.穿越原始的恐懼，接受過去的命運，我整合內在的陰暗面，體驗心靈的重生。

19 太陽

放射內在之光，反璞歸真的樂觀率直

牌義關鍵字

光明正面思考、一視同仁

圓滿勝利、愉悅滿足

走過黑夜的恐懼，終於迎來燦爛的朝陽。歷經千辛萬苦，從絕望中重燃希望，深入內心最陰暗之處……終於，第一道晨曦灑落，帶來光明與勝利，一切得來不易，彌足珍貴。沒有滄桑的老態，取而代之的是反璞歸真的純潔率直。我已能駕馭本能欲望，找到內在之光，樂觀正面地看待世界，同時榮耀自己。

太陽牌是塔羅裡面人人看了都賞心悅目的牌面。一切顯得如此和諧光明，充滿希望。愚人的冒險走到第十九張牌，竟然返老還童，就像很多長者歷經風霜，但歲月並沒有讓他們老邁滄桑，對生命厭倦放棄，反而回歸原始的質樸天真，帶著孩子般的心情，對新鮮的事物充滿好奇，樂觀正面地看待生活的種種發生。

太陽牌的這名孩童和愚人相同，頭上插著紅羽毛，不畏世俗眼光，突破外在的限制，裸身騎在白馬上，不需韁繩控制，就能得以駕馭這匹象徵本能欲望的坐騎。他手裡揮舞著紅色的勝利旗幟，一臉天真無邪，志得意滿，可以想見，他已經獲得了心靈上的滿足與勝利。太陽高高掛在天空，散發光與熱，無分別地帶給世上萬物溫暖與光明，對地表的生物一視同仁地付出。向日葵朝著太陽美麗綻放，代表凡事抱持著正面樂觀的態度。

孩童的背後有一堵石牆，隔絕了外來的影響，也為有形與無形的世界設立了界限。如同我在第一部分提到，塔羅牌面的牌義好壞都非絕對，也不能無限上綱。太陽代表的勝利樂觀，一樣在這面牆的範圍之內，牆外的世界就另當別論了。太陽也帶著我們看見事物的光明面，我們大可對未來樂觀其成，帶著孩子般的歡愉和單純，輕鬆自然地處事，如此也可以重拾內在之光，讓心中的太陽發散溫暖與熱力，感染周邊的人事物。

愚人牌與太陽牌裡的孩童雖然看起來都是天真無畏的，程度上卻有很大的差別。前者是初生之犢的傻氣單純，後者則是歷經千帆的返璞歸真。不知道怕的「憨膽」，遠不及走過漫漫長夜後，仍保有正面樂觀的「勇氣」。太陽牌闡述的就是這種人生觀。我有一位朋友，她的人生可謂是高潮迭起，歷經波折。如今她已是閃閃發光的人生勝利組，卻老是向外尋求認同，好像他人的肯定才能帶給她光芒。明明就是個孩子般的性情，卻因為種種不愉快的回憶而不願再相信自己。她很常抽到太陽牌，有次我問她：「你相信你本身就是會發光的嗎？你的內在之光就在這裡！」我指了指她的心臟。身為旁觀者，我深知她最大的魅力就是那顆純真的心，可以照亮別人，也能帶來溫暖光明。這件事卻只有她自己不知道。

太陽的日常覺察

1.我是否可以游刃有餘地駕馭內在獸性，用輕鬆的態度面對潛藏的本能？

2.我願意建立一個自我的界限，讓外在環境不致於影響我的專注與正面？

3.我是否看見內在之光，相信我與生俱來的超能力，就是無比的熱情與樂觀？

太陽的正念心法

1.我帶著孩子般的天真質樸，透過簡單純潔的眼光，去解讀身處的世界。

2.我可以輕鬆地和內在本能共處，秉持著樂觀正面的態度待人處事。

3.我用單純的方式表達自己，友善地與世界建立連結，彰顯上天的仁慈，同時也榮耀我的內在之光。

20 審判

來自內在的召喚，傾聽靈魂的真實渴望

牌義關鍵字

靈性覺醒、最後總結算

復活重生、最終宣判、內在召喚

加百列大天使吹起了審判的號角，原本躺在棺木裡的亡者，紛紛受到召喚而站立起身，雙手向上舉高，欣然接受最後的審判。過去的所做所為如今將全部歸零，一筆勾銷。種什麼因，就會得到什麼果。所有的後果都必須承擔，不可推卸責任。重生的機會在這一刻開啟，你準備好要迎接下一段靈魂的旅程，或者接受業力總清算？

審判牌描繪米開朗基羅著名祭壇壁畫《最後審判》的經典場面。大天使加百列奮力吹響號角，亡者受到召喚後紛紛起而復生，接受最後的審判。加百列的號角上繫著一面白旗，上面有一個紅色的對分十字，顯示業力的平衡。人的一生終將結束，但最後還是得回顧過往的作為，重新審視評斷後，給予平衡的力量，讓一切「歸零」，才算是真正的結束，也才能決定接下來該往哪裡去。

如果說「正義」牌是期中考、隨堂考，評鑑平日的學習成效，那麼「審判」牌就是畢業考，一翻兩瞪眼，沒有上訴的機會，也沒有翻身的可能。這最終的清算，結果是天堂與地獄之遙，沒得商量，只能接受。這看似宿命的判決，其實並非那麼無可奈何。決定結果的往往不是外在力量安排，靈魂深處的內在召喚，才是躲也躲不掉的「審判」。

站在人生的十字路口，猶如審判牌面上靈魂中繼站的生死關頭，一念天堂，一念地獄，該如何選擇，必須傾聽內在的聲音，捫心自問，才會有所回應。經過種種考驗、誘惑、迷失、懷疑……我們是否一如初衷，如我所是？是否對得起自己，對得起心中的理想，是否實現了生命的目的，如實地展現自我，揮灑天賦？

我課堂上有位學員擁有一份令人稱羨的正職工作，但她始終覺得「療癒人心」才是她的天命，於是在工作之餘開始進修一系列課程，也包括了我的塔羅課。透過課程中許多自我覺察的占卜演練，她慢慢看清眼前的道路。在最後一堂課裡，她抽到了審判牌，心裡不免一陣激動。原來，她工作上的夥伴、家人朋友，全都不知道這幾年來她究竟上了什麼課，學習了哪些技能。當累積越來越多經驗，她戰勝了自我懷疑，再也無法抵擋心中的熱情，決定昭告天下，讓身旁所有人知道，她決定辭去現在的工作，專心經營她的塔羅占星工作室。

審判的日常覺察

1.我是否回應天命，誠實面對內在召喚，並且善用天賦力量，對社會大眾發揮影響力？

2.我是否正面臨重大的決定？有一股想要在靈性上有所覺醒，並完成夢想的強烈欲望？

3.我願意正面看待疾病或破壞所帶來的釋放，為過去的所做所為承擔起責任？

審判的正念心法

1.在人生關鍵的轉捩點，我傾聽內在的渴望與召喚，始終秉持著初衷，清晰明確地做下判斷。

2.過去造就了現在，如今是結算歸零的時刻，我欣然接受任何結果，迎向嶄新的下一段旅程。

3.我賦予所有「巧合」深層的個人化意義。生命中當頭棒喝的頓悟與啟發，都是上天美好的祝福。

21 世界

圓滿現階段課題，從限制中體會自由的真諦

牌義關鍵字

統合結束、不再變化
自然規律、圓滿完成

走到人生的盡頭，體驗日升日落，潮退潮湧，明白月有陰晴圓缺，天有不測風雲，人有旦夕禍福。命運之流推著我前進，歷經春夏秋冬，在四季更迭中順應自然的韻律，習得宇宙的法則。如今已沒有什麼可以困住我，所有界限在我的理解與接納中逐漸消融，化於無形。即便在有限的空間裡，只要心如世界般寬闊，身體隨宇宙秩序律動，隨時都可以在方寸之間翩翩起舞，不受任何束縛，自由從容，享受當下。

愚人的冒險之旅，在世界牌畫下了句點。愚者在命運之輪的動盪變化中，學習生命的無常，在世界牌裡，四個角落的生物放下了書本，已然學會了宇宙的法則，原本巨輪中構成生命的要素與左右命運的神祇也全部消失，不再造成影響，最後只剩下了主角獨自一人。她褪去了隔離肉體與環境的衣衫，也象徵了突破個人自己創造的限制，在桂冠所圍成的圓圈之內，上下由紅色緞帶繫成的無限符號之間，自由自在地翩然起舞。

世界牌可謂是修成正果的完美結局啊！愚人歷經了大阿爾克納的21個生命課題，走到世界這一關，似乎又回到生命的初始狀態，像個新生兒一般，赤裸裸地來到人間，又赤裸裸的結束一生。但這一遭可沒白白走過，世界牌的心境雖輕鬆自在，卻不似愚者未經世事的魯莽天真，而是過盡千帆之後的灑脫與看開，更多了一份自在從容。

宇宙的法則、自然的韻律、命運的無常……在世界牌裡已不再被視為限制，當我們品嚐過人生的酸甜苦辣，走過高低起伏，慢慢發現這些過程都是寶貴的滋養，我們不再執著掌控、逆天而行，可以自然而然接納各種發生，世界始終沒有變，我們的內心卻在一次次的考驗之下，日漸臻於圓滿，自由開闊。而世界的經典牌義裡時常被提到的「快樂結局」，並非童話故事裡「王子公主永遠過著幸福的日子」。圓滿不是憑空而來，絕非幸運或僥倖，背後必須付出代價，在跌跌撞撞中學習成長。所謂的圓滿，也只限定於現階段的某個課題，像是修完學分後取得學位證書那樣，並不是自此之後再無憂也無慮。圓滿了現階段任務，接下來可能又步入另一段旅程，學習下一個課題。

我有位朋友從小最大的心願就是可以出國留學。大學畢業之後她踏入職場，卻始終沒有忘記這個夢想。一邊工作還要一邊準備留學考試是辛苦的，她有好幾次都懷疑自己不可能做得到，也有幾次想要放棄，反正工作還不錯，繼續過一樣的生活也沒有什麼不可以。在這兩個選擇中煎熬，最後她來找我，出國的選項最後出現了世界牌。我告訴她，出國前所有準備工作一樣都不會少，語文考試的辛勞、申請學校的過程也都不能免，一旦走完這所有程序，就可以圓滿你的夢想，出去讀書了！（加上牌面上的裸女漂浮在空中，本來就包含出國的牌義）她說：「衝著你這句話，我決定拼了！」最後她花了整整一年，通過語文考試，申請到理想的學校，也順利出國留學圓夢。

世界的日常覺察

1.我是否用自己的方式經驗世界，從生命中每個發生去窺見世界的全貌？

2.我能否無憂無慮地安於每個當下，自在從容地接納宇宙帶來的課題和禮物？

3.與其與命運搏鬥，在困境中奮力掙扎，不如返璞歸真，隨遇而安，接納所有發生？

世界的正念心法

1.明白自由的真諦並非與限制對抗，也不是打破所有的規範法則，而是欣然接納，臣服於其中。

2.放下執著與欲望，順應自然的流動，循著宇宙的法則，我和世界和諧輝映，互為表裡。

3.歷經波折，通過考驗，順應命運的安排，在碰撞中學習成長，趨於完整。圓滿當下的同時，我亦開創無限的未來。

小阿爾克納的現實世界：顯化夢想的煉金之旅

創造生命的實相：行動帶來的十個面向

權杖牌組：火元素

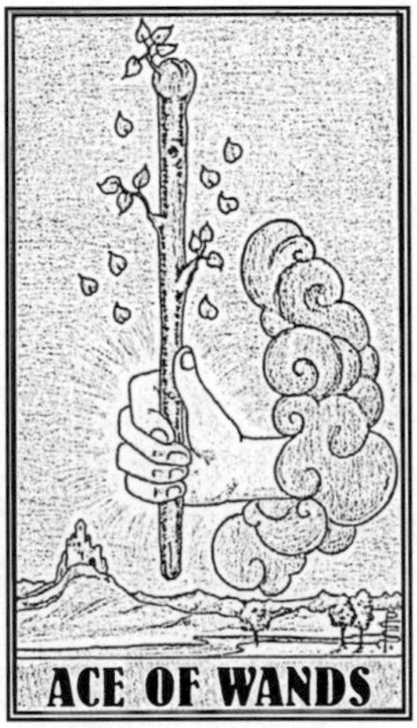

望著遠方的目標，我心中燃起了一簇火苗。滿腔熱情持續加溫，升起了熊熊烈火，成了源源不絕的燃料，我懷抱樂觀積極的態度，加上永不停歇的行動開創，一路披荊斬棘，戰勝各種困難阻撓。在擴展夢想的版圖的同時，我感到精力充沛，自信滿滿。像火焰一般熱烈的心帶領著我，一步一步地，朝向理想前進。

在偉特塔羅裡，權杖屬於「火」元素。火元素充滿熱情與行動力，喜歡開創、移動，也樂於接受挑戰，奮力達成目標。只要有足夠的燃料，星星之火可以燎原。當火勢猛烈一發不可收拾，不僅帶來轉化質變，也導致不可預期的結果。不斷擴張是火元素的特質。沒有燃料的火苗終將油盡燈枯，如果火有意識，絕不甘願於如此。對於火元素來說，持續保持熱情，不間斷地燃燒、擴展勢力範圍、挑戰極限、追求遠大的夢想……以上過程，甚至比圓滿達成任務更加重要，只要目標尚未達成，就可以一直向前衝。

用一根木棍來代表火元素是最適合不過的。木棍是生財工具，也是勞動的好幫手。「權杖」在過去的時代，就是農人的鋤頭，獵人的棍棒，是勞動階級吃飯的傢伙。權杖也是旅人的拐杖，在旅途支持他們攀登崇山峻嶺，踏遍千山萬水，一步步抵達目的地。仔細看看偉特塔羅的權杖並不是光禿禿、了無生氣的木棍，上面迸出的嫩葉枝枒，正顯示了權杖生氣蓬勃的火元素特質。

當我們以熱情為燃料，使用「權杖」去創造、奮鬥、勞動，就可以擴充我們的生命版圖，抵達夢想的彼岸。與其得到勝利，權杖牌組更渴望接受挑戰；比起完成任務，更熱愛追求夢想。權杖為我們帶來行動與開創的力量，讓我們對理想充滿渴望，不管在生活的哪個面向，都能樂觀自信，如火焰般熱烈。

當你時常抽到權杖牌組……

如果最近時常抽到權杖牌，可能代表你有好多計畫正在進行，例如突然被分派了新工作、同時兼任數職而分身乏術、正在挑戰困難的任務、必須在不同地點快速移動穿梭……你肯定不輕鬆，不過也會忙得很投入，鬥志滿滿，精力充沛。

當權杖的燃料全部燒成了灰燼，還有動力繼續往前嗎？要特別注意過勞的問題，全力向外衝刺的同時，也不忘給自己獨處的時間，偶爾停下來休息一下，讓滿腔熱血歸零，重新審視目標達成的可行性，仔細評估行動的效益。忙碌之餘也不忘好好照顧自己的心，是否忽略了某些感受，壓抑了哪些情緒？如果你最近很常抽到權杖牌組，記得給自己片刻喘息時間，適時緩下腳步鬆口氣，即便只是發個呆、看本書、泡個澡、喝杯咖啡……對自己都是莫大的寵愛，可貴的滋養。

過度使用權杖的力量，就像踩到底的油門，最後不是耗盡能量、引擎過熱，就是失速翻覆。行動的背後需要熱情，也要適度緩衝，補足燃料再繼續往前衝！

權杖一

主動掌握機會，就能創造一切可能

牌義關鍵字

積極主動、充滿潛力

新的行動、靈感機會

從無到有，對我來說一向不是難事。一有機會浮現，突然有靈感啟發，我就積極掌握，主動搶得先機，拔得頭籌。沒有什麼難得倒我，人人都說「萬事起頭難」，我不會因此投降，更不懼怕任何困難，堅持「自己的路，自己開創」。我從不懷疑自己的能力，對未來充滿信心。未知讓我感到新鮮刺激，我也不怕吃苦，即使赤手空拳，也要闖出一片天地。

權杖一是行動的初始，如果沒有開始，就沒有後續的開創。如牌面上的圖示，從雲裡面伸出了一隻手，代表機會常常是憑空出現，無法預料的。我們如果猶豫不決，或空想不做，那這難得的瞬間可能就悄悄溜走，徒留遺憾。如果能像這隻雲中之手，果斷堅決地掌握先機，那麼未來就由我們主導開創，前景也就十分值得期待了！

權杖上面的十片葉子，代表十種行動的結果，即是權杖數字一到十的情境。從光禿禿的棍棒中生出葉子，也象徵了行動帶來了蓬勃生機，以及未來可能開創的各種可能性。所有的數字一都顯示了新的開始，權杖一則是跟行動、創生有關的開始。沒有人知道未來會如何，但如果沒有開始，就永遠不可能有結果。

權杖一顯示了主動開創的價值，同時也彰顯了滿滿的自信，一馬當先的決斷力。如果遲疑不定，不只機會流逝空留遺憾，也永遠到不了想去的地方。光是「去做」，不經思考分析，沒有感情用事，也未知實質的利益，需要極大的勇氣和熱情，這就是火元素的衝動與力量，沒有什麼可以阻撓，也沒有任何限制，這就是權杖一對生命的愛。

有許多人在猶豫不決的時刻抽到權杖一。「好喜歡那個男孩，但只敢遠遠望著他……」「好想開創自我品牌，卻不禁擔心害怕……」「如果我一直不去做，是不是就永遠不會失敗？」萬事起頭最難，與其埋頭空想，不如起身而行，任何「開始」都需要勇氣，端看你願不願意？權杖一不僅鼓舞著人們「你可以做得到」，也帶來行動的機會。有個想戀愛的女孩抽到權杖一，她問我：「我要怎麼主動？難道去倒追男生嗎？」積極行動的方式有很多種，只要願意突破現況，拿回主導權，任何行動都好過坐以待斃。也許只是製造相處的機會、釋放善意，或者多和對方說幾句話……都有可能提高相愛的機率，而權杖一告訴你，機不可失，敬請把握！

權杖一的日常覺察

1.我做事是否瞻前顧後，猶豫不決，或者更傾向一馬當先，先做再說？

2.我是否掌握了眼前難得的機會，即便只是靈光乍現，也絲毫不放過？

3.對於夢想我不只在腦袋裡模擬計畫，更願意付諸行動，展現我的力量與勇氣？

權杖一的正念心法

1.我順應熱情行事，一旦掌握先機，就馬上起身行動，毫不遲疑，勇往直前。

2.對於未來我充滿自信，相信只要能把握住眼前的機會，抓住一閃而逝的靈感，成功就是屬於我的。

3.萬事起頭難，只要起了頭，就沒什麼難得倒我。我勇於接受挑戰，不達目的永不投降。

權杖二

安於現況所有？還是懷抱新世界的遼闊？

牌義關鍵字

猶豫不決、計畫思考

評估抉擇、不滿考慮

登上城堡的高牆，眺望浩瀚無垠的海洋，我一面端詳著手上的地球儀，默默在心裡計畫，如何才能到達更遙遠的彼端？如今，腳下擁有的領土已不再能夠滿足我的雄心壯志，內在有一股衝動召喚著我，去冒險闖蕩，拓展疆域，放眼更宏大的未來。我好想即刻出發，但現有的責任與穩固卻束縛了我，讓我無法義無反顧，不能說走就走。內心兩股力量拉鋸著，我仍站在原地，無法馬上做決定。

權杖二的主角是一位領主（或者地主），不管是祖傳世襲，或者來自過去努力的累積，他已經擁有一方之地，甚至有座自己的城堡。繼續坐擁過去的成就可以過得很輕鬆愜意，也理所當然，但是如今的他卻已無法感到滿足。站上城堡的高牆，瞭望廣闊的汪洋，心中不免熱血沸騰，胸懷壯志。如果出去闖一闖，我的世界會不會就此不同？繼續維持現況，是否形同坐困一方，終生僅止於此？

人生路上，我們多少會碰到權杖二的困境，而陷入兩難的煩惱和猶豫中。現有的雖然很好，卻好像不再能滋養我，讓我充實滿意。外面的世界看似充滿吸引力，如果勇敢冒險，也許能開拓眼界，看見更美好的風景，擁有更多想要的。同時，又擔心顧此失彼，一旦破壞了當下的平衡，會不會動搖我目前的成就地位？會不會連原本擁有的都因此失去？

權杖二代表還在思考計畫中的拉鋸和選擇，限制權杖二的往往不是外在的因素，而是現有的成就和穩定。就像這位領主孤單地站上高牆，他擁有的看似很多，心中卻仍感到不滿寂寞。他想要的是一望無際的未來，而不是眼下有限的疆域，他追求的是更高層級的內在需求，而非表面上的榮光而已。當一無所有的時候，我們往往可以義無反顧地去冒險跟衝刺。一旦擁有某程度的成就之後，這些既有條件反而會成為我們前進的絆腳石。權杖二的領主陷入理性與感性的矛盾，冷靜與熱情的交戰當中，短時間內他還無法選擇該怎麼做。

權杖二的情境常出現在某些計畫轉職的人身上。我有許多個案，在原來的工作崗位已站上不可動搖的地位，卻看見他們開始思索其他可能性。當工作失去挑戰性，感到無趣沒有未來，但心中卻仍有滿腔熱情時，要不要賭一把，衝衝看？這些問題在他們心中不斷自問：「我的職涯就僅此而已？」「如果我換了工作，會比現在更好嗎？」「一旦踏錯步，會不會連目前擁有的都失去？」權杖二的這個過程都曾是你我生命中的關鍵時刻，徘徊在人生的十字路口，任何一個決定，都影響未來，不得不謹慎，卻也是一個審視自我的絕佳機會。「我到底要什麼？」傾聽內在的真實感受，等待時機成熟，答案就會慢慢浮現，趨於明朗。

權杖二的日常覺察

1.在保有現況的當下，我也願意放眼未來？

2.如果想要向外擴展，我該如何同時守成？

3.站在維持現狀與開創冒險的分歧點，我該如何權衡輕重？

權杖二的正念心法

1.當陷入「我所擁有」跟「我想擁有」的選擇兩難，我願意停下腳步，好好傾聽內在的需求與召喚，不急著做決定。

2.我同時專注於當下，保有過去的成就，也積極提出未來的計畫和願景。

3.如果現有的一切已不能滿足我，我願為成長付出努力與代價，決定下一步該怎麼走。

權杖三

身懷領導者的氣度風範，擘畫無限可期的未來

牌義關鍵字

初步的成就、長遠的計畫

合作領導、遠洋貿易

回顧過去的辛勤努力，如今已奠定了穩固的基礎，稍有令人滿意的成績。我可以在自己的疆域，當自己的主人。我開始編組新的團隊，統籌規畫未來的方針，善用合作的力量，和他人共創更廣闊的版圖。我攀上山峰，眺望浩瀚的汪洋，看著一艘艘派遣出航的商船，心裡滿是期待與自信。展望未知的將來，充滿無限的潛力，我相信自己辦得到，我的命運由我主宰！

權杖三表現了領導統御的自信與能力。從權杖一發展到權杖三，積極的行動開創累積了一定的基礎，慢慢可以享受初步的成果。權杖三並非單打獨鬥、草率行事，還必須具備領導者的智慧。諸如統籌分工、團隊合作、規畫指派……等，都不再只是簡單的一人作業，需要深諳團隊成員的專長再分配工作，掌握團隊整體的運作方向，還要訂定長期計畫逐步執行。

如果權杖一是位熱血澎湃的創業家，那權杖三已經是一個專業經理人了！他深知團體作業的規模，遠超過一己之力所能企及。他懂得分工合作的重要性，知道自己的能力有限，能創造的未來也不夠寬廣，因此他願意借助他人的力量，發揮一加一大於二的效能，以開拓更傲人的成果。

權杖三同時擁有領導者的風度與視野。即便只是和協力廠商的平等合作，他都不會甘於公事公辦，他們有自己的觀點跟想法，會站在領導者的角度綜觀全局，讓團隊的每一份子都善盡其才。他們不短視近利，不只在乎自己獲得了多少回報，而會用一種更高維度的視野去計畫統籌，提升團隊整體的效能。權杖三通常也象徵一種可被期待的合作模式，如果你有計畫正在進行，好好利用團隊力量，前景將潛能無限。

我曾有位個案做的是專案經理的工作，雖不算是主管階級，但她是工作團隊的統籌，也是發號施令的核心，所有協力廠商、合作夥伴，都聽從她的指揮，這也讓工作流程可以順暢進行。權杖三在工作類占卜裡，有時也代表遠洋貿易或跨國企業，我有位求職的個案抽到這張牌，果然找到一個需要常到國外出差的工作。也有人抽到這張牌，談了一段遠距離戀愛。所有的塔羅占卜牌面都不會是最終結局，只揭示了某個過程的樣貌。權杖三至少讓我們相信，只要在既有基礎上跨越了這一步，就能開始期待精彩的未來。

權杖三的日常覺察

1.我是否願意放棄個人英雄主義，相信他人可以協助我創造無限可能？

2.在合作關係裡，我是否願意無私地付出，不計較誰獲得的比較多？

3.在團隊分工中，我可以同時保有自我主見，又照顧他人的需求嗎？

權杖三的正念心法

1.我擁有過人的遠見，可以帶領團隊航向美好可期的將來。

2.我願意與人合作，善用身旁的人力資源，創造更高的產值。

3.我相信團隊合作是互惠的，一起努力開創，共同分享成果。

權杖四

開創後步入安定，歡慶中分享成果

牌義關鍵字

歡慶收成、維持現況
穩固安定、享受成果

努力奮鬥了一段時間，終於步入穩定，開花結果。我搭起慶典的棚架，用喜悅的花朵裝飾，懸掛碩大的果實，在和煦的陽光下，花團錦簇的庭園間，旋轉曼舞，歡慶豐收。我和家人分享這份喜悅，過去的辛勤開創，如今化為實際的成果，不容撼動的穩固。短期之內先維持現況吧！這樣就好，我很滿足，只想待在自己建造的城堡內，安然享受努力後的收穫，與愛我的人，我愛的人，一起開心地生活。

權杖四是在開創之後，獲得初步的成果，得以短暫休息的一個緩衝點。他們就像辛勤的農人，辛苦了一整年，終於在豐收之後放鬆一下，唱歌跳舞樂一樂，享受辛勞之後的甜美果實。也像是辛苦的上班族，好不容易掙錢買了間房子，終於可以好好安定下來，和愛情長跑的對象一起步入婚姻，共組家庭。

權杖四的安定，來自於過去的努力。沒有人可以一輩子在外打拼走闖，終歸要找到溫暖的依靠，心靈的避風港。家庭，就是這樣的場域。事業再如何成功，人生再如何飛黃騰達，有些時候，還是需要短暫地停下腳步，回歸安定穩固，在一個可以放鬆休息的地方，享受辛勤努力的成果，以準備下一個階段的開創與挑戰。

權杖四的放鬆，也來自於心安理得。如果事業還不成氣候，努力還尚未有所回報，心中的那把火是滅不掉的，開創的行動也停不下來。就像原住民的獵人，在追捕獵物時一定是全神貫注、用盡全力勇往直前。一旦滿載而歸，就放下狩獵時的緊張壓力，將戰利品拿回部落和族人分享，大口吃肉喝酒，開心舞蹈歡慶。權杖四象徵一種開創後的豐收，努力後的怡然自得。

　　我有一位學生是陸籍配偶，上課演練時她占卜過去離開家人，到台灣與先生共組家庭的行動，在她的生命中代表著什麼樣的意義？當時她就抽到權杖四。這的確非常符合這張牌的意涵，過去她努力讀書工作，想要獲得成功，出人頭地，卻在遇到另一半之後找到靠岸的港灣，她終於停下腳步，安定了下來。也曾有位個案來找我占卜年運，在工作的範疇她抽到這張牌。原來，眼前這位女性是個成功的企業家，她的網拍事業早已有聲有色，所以在未來的這一年她並不打算擴充事業版圖，而是想要先維持現有的安穩，好好預備懷孕。

權杖四的日常覺察

1.我願意停下來好好休息，安心享受努力後的成果？

2.我是否記得為自己設定短期目標，達成之後就先停下腳步，充電後再出發？

3.安然待在穩定的狀態一陣子，我仍會積極地去開創新的領域，達成新的目標？

權杖四的正念心法

1.我心安理得地品嚐辛勤的成果，樂於分享收成的喜悅。

2.在積極行動開創之後，我願意短暫的休息，找到內在的平靜與和諧。

3.我相信過去的努力已化為不可動搖、堅若磐石的成果，我願意安於現況，也珍惜所有。

權杖五

彼此模仿的分歧，不分軒輕的混戰

牌義關鍵字

競爭激烈、勢均力敵

立場不同、摩擦衝突

我揮舞著戰鬥的武器，眾人見到紛紛起而效尤，霎時打成一團，誰也不讓誰。我有我的意見，你有你的立場，他/她也有他/她的想法，沒有人願意認輸，也沒有人能勝出，堅持到最後一刻，勝負還很難說呢！這是一場硬戰，也是體力的較量，競爭的難度激起眾人的勃勃野心，也挑戰能力的極限，誰能撐到最後，就有可能是真正的贏家！

權杖五裡面的五個人各自揮舞著自己的武器（權杖），沒有人處於優勢，也沒有人居於劣勢，沒有誰和誰結盟，也沒有誰被圍攻，每個人都有各自的主張，為了自己的立場奮力搏鬥。看來混亂的狀況還要維持很久，這是一場勢均力敵的戰爭，敵我的戰力不分軒輊，不到最後一刻，難以分出勝負，也看不出戰況走勢。

如果這五個人身處同一個團隊裡，這組織肯定一團亂，就像多頭馬車，每個人都兀自往想去的方向衝，沒有人願意謙卑禮讓，也不甘於屈就妥協。如果每個人都想贏，那該怎麼辦？這個團隊沒有辦法有效運作，短期之內會陷入爭執、較勁、角力……看誰堅持得最久，大概就最有勝算！

權杖五的戰爭起於模仿，一種你想打贏我，但我也絕不認輸的倔強，甚至加倍奉還的較量。這場拉鋸並不一定是外在的分歧，有時也象徵了內在的混亂。有些人日理萬機忙碌萬分，每件事都必須緊急處置，難以分出優先順序。這時候打架的就不是人，而是這些待辦事務，忙碌繁瑣的勞動。還有時候，打架的不是人，也不是事，而是個人的內在衝突。我們時常會在心裡同時出現好幾種聲音，代表各種不同的需求、欲望、立場……，在心中對立拉鋸，久久無法找到內在的平衡與一致性。無論如何，權杖五不管是誰和誰打架，都是一場難分勝負的戰爭，在困頓中激烈掙扎，只能奮戰到底。

在我剛開始學塔羅牌的時候，我可愛的外甥女剛轉學到私立國小就讀，龐大的課業壓力讓她有點不勝負荷，跟我閒聊時談到即將而來的期中考，希望我幫她占卜考試的狀況，結果她抽到這張牌。「哇！你們班的同學都很優秀，大家實力相當，看起來很難分出輸贏勝負。」「對，阿姨你怎麼知道？我壓力好大，該怎麼辦？」如果深陷權杖五的拉鋸苦戰，唯一能做的就只有堅持下去。當對手放棄投降，留到最後的就是贏家。這是一場考驗毅力的戰爭，你有沒有把握撐到最後？

權杖五的日常覺察

1.當我陷入勢均力敵的競爭時，是否能堅持立場和定位，不奮戰到最後一刻絕不罷休？

2.當日常事務繁忙沉重，我是否可以在輕重緩急中分辨先後順序，再逐一從容地完成？

3.內在的混亂不但折磨心智，也會削弱外在的競爭力。我是否能放下較量的好勝心，或者試著整合內在的矛盾？

權杖五的正念心法

1.我可以抱持著健康正面的心情與人競爭，無論輸贏，堅定自己的立場，盡力展現內在的力量是比勝負更重要的事。

2.生活就像一場戰爭，唯有透過實際的努力，為了自己奮戰到底，才能不枉費過程的辛勞。

3.與其耗費精神在眾多分歧的事物上，或許我可以集中火力在最重要的部分，才會讓力氣發揮得更有效率。

權杖六

成功不必在我，榮耀非一己之功

牌義關鍵字

榮耀自信、外在的成功

勝利凱旋、團隊作戰

我歷經戰場上的刀光劍影，血腥殺戮，終於得以凱旋歸來。駕著陪我征戰沙場的良駒，我趾高氣昂地走在隊伍最前方，身旁擠滿了列隊歡迎的民眾，熱情地為我歡呼喝采。我明白成功得來不易，亦不是一個人的功勞，背後強大的團隊，成就了這莫大的榮耀。我感激所有支持我的人，沒有他們的辛勞付出，不會有今日的我。

權杖六帶來鼓舞人心的訊息。如果你期待事情有所進展、順利成功，那麼權杖六絕對可以讓你滿懷自信，凱旋而歸。權杖六的勝利，並不是僅憑一己之力就可以達成的，而是講求團隊的力量。就像古代騎士征戰，如果只有自己一人，難免勢單力薄，寡不敵眾。倘若是一支軍隊，有統領、將士、騎士、小兵等不同職務，專業分工下來，成功的機率就大幅提升了！

現代的專業分工亦是如此，在職場裡又最為常見。為了達成團隊的成功勝利，領頭的將帥要發號施令、運籌帷幄，也有人必須隱身幕後提供謀策，有人負責勞務、跑腿、出錢出力等，每個人都是團隊裡不可或缺的一員，全體都得同心協力，放下計較的心理與個人私欲，才能爲團體謀取最大福祉。家庭中的職務分工也有類似的狀況，為了獲取集體共同的利益，或圓滿某位成員階段性的任務，其他人就各司其職，一起努力達標。例如孩子要準備升學，父母就全力支持，接送補習，扛起所有家務，讓考生專心備戰。

權杖六的光環通常只聚焦在一人身上，但這份榮耀卻是團隊努力的成果。即使只是一旁為人作嫁的配角，也甘心幫襯，與有榮焉。如果身為領導者，要懂得感恩旁人無私的奉獻協助，切勿狂妄自滿；如果身為配角，也要有「成功不必在我」的大愛，甘願付出不邀功。此外，權杖六僅是一種「外在的成功」，所有榮耀背後必有犧牲，如同凱旋而歸的騎士也必定在戰場上目睹殺戮血腥，甚至經歷生離死別。成功是必須付出代價的，並不僅有表面所見的那般意氣風發。

曾經在課堂上和學員分享關係牌陣，在演練的時候，一個班級內竟然有兩位學員占卜和先生的關係時，都出現了權杖六。有趣的是，這兩位學員都是家中的女王，先生是辛苦的上班族，卻捨不得讓太太出外工作，反而讓她們安排想過的人生，去學烘焙插花、參加美學講座，和朋友吃吃喝喝享受生活。分析這兩段關係與他們小家庭的情況，先生的確都是很大器的男人，他們扛下了經濟重擔，讓太太義無反顧地追尋理想的生活方式，是為了家庭整體的利益著想。當太太心情愉悅，家裡氣氛和諧，他們就能放心地外出工作，全家人都跟著受益。我提醒這兩位學員要心懷感激，可以成為眾人眼中的人生勝利組，是來自於另一半的成全，偶爾也要懂得放軟身段，同理先生的辛勞。

權杖六的日常覺察

1.身為團體的上位者，我是否忽視其他人的協助？

2.我是否願意將成果分享給曾經辛苦付出的每一個人？

3.為了集體的利益與榮耀，我願意屈就於下位，也不在乎光環是否在我身上？

權杖六的正念心法

1.在獲得成功勝利之時，我感恩背後所有支持我的人。

2.我願意付出一己之力，即使僅是團隊中的一個小兵。

3.我願意將榮耀歸功於團體中的每個人，而不是獨占鋒芒，獨領風騷。

權杖七

永不放棄的毅力，堅持下去就會成功

牌義關鍵字

堅持不放棄、積極抵抗

有利位置、接受挑戰

我站在易守難攻的險要關隘，佔盡地利優勢。縱然只有一人孤軍奮戰，面對萬千砲火，諸多反對聲浪向我襲來，仍秉持著「一夫當關，萬夫莫敵」的勇氣，從不打算放棄。我對未來充滿自信，因為我知道，只要堅持下去，撐得夠久，勝利就會是我的！

權杖七面臨的是一場硬仗。在沒有盟友的情況下，還要以一擋百，萬夫莫摧，這種果敢堅毅，不是一般人可以辦到的。需要到打仗的程度，想必是為了整合衝突矛盾，要對抗不同的意見和做法。權杖七的勇氣，來自於堅守自我立場，捍衛領土疆域。當他們為了自己挺身而戰，燃燒權杖的「火」的熱情，會讓他們感覺自己真切地活著，充滿生命力。

權杖七雖有可能陷入苦戰，但他們絕不是那種明知沒有勝算，仍執著應戰的傻子。他們握有先天的優勢，開戰前就取得勝利的契機，就算敵軍人數眾多，威脅阻撓甚鉅，他們仍擁有強大的信心，堅強不衰的毅力，越挫越勇，越戰越激情，即使身邊沒有人支持，只有孤軍奮戰，他們仍然不會輕言放棄。

在現實的情況裡，我們常常要同時面對各種挑戰，可能正在拓展事業時，還要一邊繳房貸；想出國旅行卻沒有經費，即使正職忙不過來還必須多兼一份差事；愛情長跑終於要結婚了，家族成員卻意見分歧，要對抗各種反對聲浪……這正是提升我們戰鬥力的時刻，雖然要孤身抵擋阻撓，獨自承擔責任壓力，但只要朝著目標持續邁進，將會獲得最後的勝利！

也許有些占卜師會認為權杖七不是一張理想的牌面，因為有困難阻礙，就不是件輕鬆的事。但我總是覺得這張牌「超勵志」，就像是一部感人肺腑的生命史詩，即使整個世界都跟你作對，仍不輕言放棄，這不是很浪漫嗎？曾有位個案要結婚了，但是在籌辦婚禮時卡關，兩個家族在很多儀式細節上談不攏，爭鋒相對，互不相讓。她一度以為這個婚大概結不成了！當時她來找我，在牌陣裡建議的位置抽到這張牌。我告訴她：「千萬不要妥協，堅持你的立場，這是你的婚禮，你的想法最重要。先不去顧慮其他人說了什麼，你到底想要什麼？想清楚了，就不要放棄！」原來，她一直把自己的感受放在最後面，心中的想法也從未對外說出來，當她表明並堅守立場，那些阻礙的力量、反對的聲浪竟越來越小，最後終於如其所願，婚禮圓滿完成。

權杖七的日常覺察

1.我的勇氣不是盲目的自信，而是因為了解情勢，才堅守自己的立場？

2.當遇到各種挑戰蜂擁而至，我願意冷靜下來分析現況，權衡輕重，再決定要如何行動？

3.我願意站上領導的地位，承擔責任，擇善固執，堅持到最後一刻？

權杖七的正念心法

1.面對真心熱愛的事，即使周圍的人都持反對意見，仍願意為自己挺身而出，堅持捍衛自我的疆域。

2.正面迎戰雖然辛苦，但能為信念而戰卻使人振奮。我相信只要堅持下去，就能勝券在握！

3.我專心致力投入眼前的戰役，沒有什麼能阻礙我前進，也絕不輕言放棄。

權杖八

自由無拘束，傾盡全力奔向目的

牌義關鍵字

迅速達標、自由自在

快速行動、目標一致

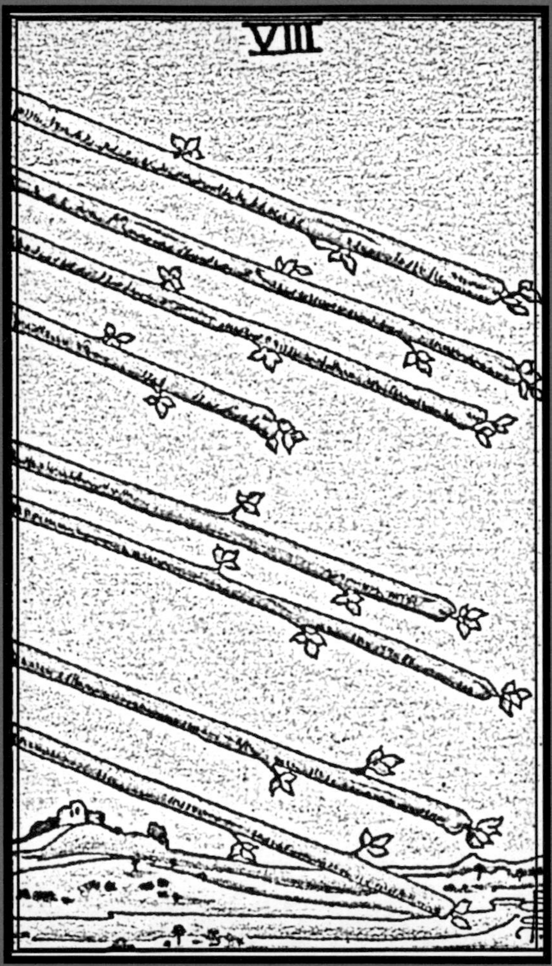

當權杖離開了手，被擲向廣大的空中……所有束縛瞬間鬆綁，在天際劃下一道道優雅整齊的弧線，迅雷不及掩耳，快速落地，準確達標。我不需太費力，因為過程沒有太大的障礙，所有影響成敗的條件，都朝向一致的方向，沒有偏差地，毫無阻抗地，朝目標迅速推動發展。

權杖八呈現一種飛快的速度感。這是一個「極速任務」，耗時不會太久，可能需要同時處理很多件事，但是忙碌歸忙碌，權杖八並不像權杖五那樣，所有的事情都打結，亂成一團。權杖八的忙碌是有一致性的，所有行動皆指向同一個方向，幫助事情快速進展，達成目的。

權杖八也是權杖數字牌裡面，唯一沒有將權杖握在手裡的牌。所以，比起其他牌裡面的權杖被當作開創的工具，權杖八的權杖離開了手，飛在半空中，呈現一種自由自在的力與美，猶如體育選手擲出的標槍，在空中以拋物線前進，最後完美落地。所以權杖八也象徵一種不受拘束、沒有限制、自在流動的熱情和行動。

權杖八求快，卻不一定持久，迅速達標且永不回頭。所以同樣是代表「力量」的數字八，聖杯八是為了填補空缺，勇於離開的力量；寶劍八是為了突破困境，打破限制的力量；錢幣八藉由磨練累積成就的力量。權杖八則呈現「自由的力量」。充滿力量的火元素，以熱情為燃料，積極地行動開創，無拘無束，順利達成目標。

有位女性在國外進修時邂逅了一名讓她心動的對象，雖然兩人認識不深，但回國後仍保持書信往返，對彼此的好感日益加深，卻因為遠距離而沒有跨越友誼的那一步。這位女性有天來找我，想了解如果她馬上飛到地球的另一端去找對方，兩人有沒有可能在一起？結果出現了權杖八，顯示這段感情結合天時地利人和，他們可以快速墜入情網，但能維持多久，就很難說了。後來，這位女性果然勇敢出發了！他們在見面的那一刻就陷入熱戀，在異地停留了一個月，他們的戀情也跟著結束了。如果你想達到某個目標，權杖八不會讓你失望，但是要維持這個熱度，就要看後續的努力與造化了！

權杖八的日常覺察

1.即使已經達成階段性目標，我仍能維繫心中的熱情，不僅僅是一瞬間的火花？

2.我在追求速度之餘，仍重視細節與過程，並且不敷衍了事，持續保持耐性毅力？

3.我是否只在乎短期成效，忽略了長期的計畫與未來其他可能性？

權杖八的正念心法

1.我滿腔熱情，一鼓作氣，全神貫注，心無旁騖，積極快速完成任務。

2.不管是行動開創、出國旅行、建立關係……我都可以游刃有餘，輕鬆得到滿意的結局。

3.我充滿自信地探索未知的領域，並相信一切都會非常順利，快速達成我預期的目標。

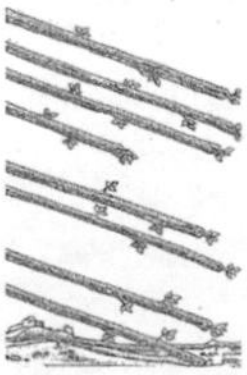

權杖九

保持警戒狀態，被動防備潛在的危險

牌義關鍵字

延遲等待、伺機而動

受傷戒備、被動防禦

過去的辛勞和奮鬥，在我的生命裡烙印下斑斑軌跡。如今我已有些累了，過去經驗的累積，讓我不知未來要不要再繼續拼搏下去，我想暫停一下，仔細觀察周邊的局勢，回顧過往發生的種種，評估接下來該怎麼做。環顧四方，敵不動，我不動。雖然被動防禦，我仍無法完全放鬆。伸長脖子，上緊發條，眼觀四面，耳聽八方，我隨時保持警戒，等待即將到來的考驗。

權杖九是身經百戰、經驗豐富的過來人。長期神經緊繃，處於戰鬥的狀態之下，讓他已經不太知道如何放鬆，即便進入短暫的休戰，他仍保持森嚴戒備，眼睛盯著四周潛藏的危機，絲毫不敢懈怠。過去的經歷可能在他身上留下傷疤，即使肉體已經復原了，心裡仍然戒慎恐懼，害怕挑戰再度降臨，讓他再次受到傷害。

在工作上，權杖九的人因長期辛勞導致倦勤，他已失去積極開創的動力，即便再有經驗，他也寧可待在原地，等事情來找他，而非主動創造，正面迎戰。有點類似「多一事不如少一事」的心態，如果沒什麼特別需要做的，就得過且過吧！在愛情上，權杖九常顯示過往的情傷，可能以前在戀愛時被誰傷透了心，也可能只是厭倦了愛情裡的麻煩事，懶得積極追求新的戀情，所以採取被動的姿態。

權杖九的防禦心態背後，有其更深層與根本的原因。如果不願意與過去和解，不願去面對自己真實的恐懼，或者好好療癒受傷的情緒，就只會將問題推給整個世界，覺得環境危機四伏，世界充滿惡意。最終也無法明白，最大的敵人並不是那些潛在的威脅，而是內心的黑暗，將自己與外界隔離開來，終日惶惶不安。

我曾經從事房地產文案的工作，有時候必須跟建商與代銷公司提案。從小我就很常參加演講朗讀比賽，也獲得不錯的成績，但是當我必須跟業主報告企畫案時，卻是完全不同的光景。在那段職涯裡，幾次被無理地要求、無情地責罵，經驗過無數挫敗，我開始學會去迎合業主的需求，說他們愛聽的話，對自己的想法不再充滿自信，甚至開始懷疑自我價值，「我說的話到底有沒有人要聽？」「我的發言是否毫無價值？」好幾年之後，我投入諮詢療癒的相關工作，慢慢累積了口碑信譽。當時除了開始教課，也有些講座邀請，我憶起了那段職涯上台簡報的挫敗。當我抽到這張牌，同時看見了療癒的曙光。我知道自己那些被動逃避、不積極、自卑的心態，是來自於過去不愉快的經驗。關於公開演講發言，我其實是相當有經驗的，如果可以從過去的傷痛中釋放，或許我能重拾公開演講的自信，也能從中獲得成就感。

權杖九的日常覺察

1.與其積極主動地創造，我是否更傾向於被動接受挑戰？

2.我是否不願面對過去不愉快的經驗，只是逃避現實，對環境充滿敵意？

3.當我對未來提心吊膽，對他人過度防守時，就無法打開心去感受真實，無形中也拉開了我與世界的距離？

權杖九的正念心法

1.經驗是我寶貴的資產，不管是美好的或不愉快的，我都能重新解讀，為自己帶來正向的力量。

2.當情勢陷入僵局無法繼續前進，我審視過往的種種，謹慎評估接下來可以怎麼做。

3.當我擁有豐富的經驗與強大的力量，我更重視反省的重要性，當我足夠了解自己的定位，才能與環境和諧共處。

權杖十

扛著沉重的責任，繼續苦撐就能獲得

牌義關鍵字

緊抓不放、努力就會獲得

責任壓力重大、過勞工作

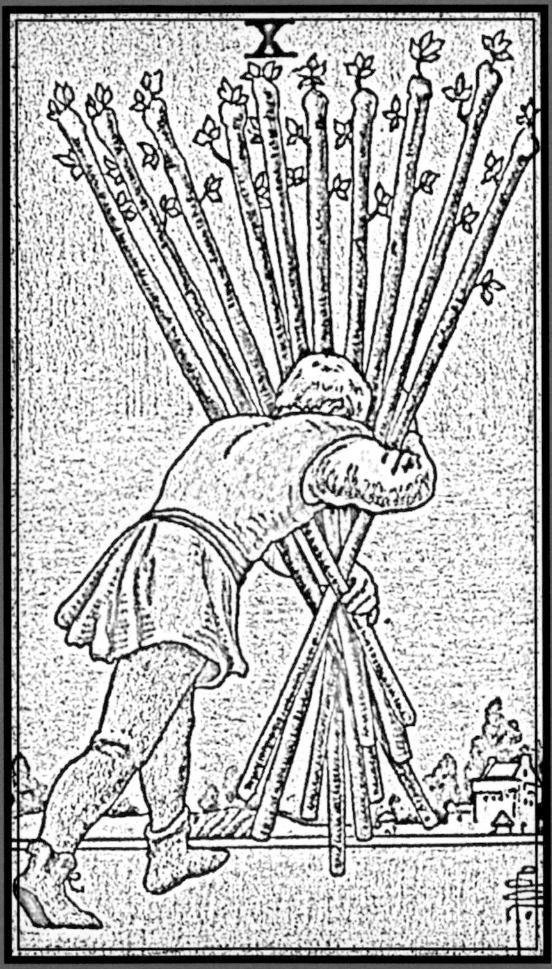

我扛著沉重的壓力，背著龐大的責任，舉步維艱地向前邁進。肩頭上的重擔已經讓我直不起腰，抬不起頭了，但我仍咬牙苦撐，不願放棄。沒有人逼我，我完全出於自願。不管屬於我的，還是他人的，都一肩扛起。雖然體力已經到達極限，耐力即將破表，精神就快不勝負荷，汗水模糊了雙眼的視線，我還是繼續向前，終點就快到了……

權杖十常被戲稱為「過勞死」牌，牌面上的人其實還沒死，但是已經把過勞的精神表現得淋漓盡致，如果繼續不知節制，可能影響身體健康，造成嚴重的傷害。看他扛了十根沉重的權杖，頭抬不起來，腰桿也挺不直，就知道此舉對當事者來說有些勉強，但這也是他心甘情願承擔的，不然撒手一放，不扛便是了！

但權杖十的主角是自願承擔這些壓力責任的。在職場上，我們常常看到有些人把所有責任一肩扛，甚至連別人的工作都攬在自己身上，除了他們真的很有能力之外，常常也是因為他們根本不信任別人可以做得好，所以乾脆全部自己來。這種情況最常在自僱者或創業家的身上看到。在關係裡面，權杖十通常顯示當事者將維繫關係的責任全部扛在自己身上，可能過度照顧對方，為對方處理日常大小事務，承擔金錢工作的壓力……最後感到不勝負荷，痛苦不堪。

雖然出自於心甘情願，但權杖十這種「萬事我來扛」的行徑已經不知不覺造成當事人的負荷。身心失衡、情緒爆發、壓垮健康……只是遲早的事。「把不屬於自己的放下，還給該負責的人」，是權杖十需要去思考與調節的方向。如果可以朝著同樣的目標前進，是否能透過合作分攤責任，或換個更有效率的方式，不要什麼都自己來？是否避免在過勞中損傷身心？但如果權杖十堅持苦撐，他們通常還是會得到想要的成果，只是其中的痛苦壓力已經瀕臨崩潰邊緣，他們能否咬牙撐到終點就不一定了！

我有位朋友是個親力親為的創業家。偶爾她來找我諮詢，十之八九，都會抽到權杖十。我發現她根本是「校長兼撞鐘」，不管大小事，全都一肩扛。我常提醒她權力下放的必要性，她總是告訴我，員工做不好、反應慢、不靠譜，所以還是自己做最放心。我反問她：「真是他們不夠好嗎？還是你沒有給他們學習的機會？」她承認，因為個性急，與其耐性等待員工學習成長，不如自己跳下去承擔，還比較有效率。她的確獲得想要的成果，但最後也累壞了，身體開始出現一些警訊，還進了幾次醫院。所以囉，權杖十提醒我們，「你已經過勞了！」如果可以，就把工作分攤出去，即使沒有你，事業還是會運作，地球還是會運轉，其他人也會開始學習承擔自己的責任。

權杖十的日常覺察

1.我是否承諾太多超乎我能力範圍的事？或者無形中承擔了別人該負的責任？

2.我認為唯有事必躬親才能萬事妥當？我不相信別人有能力身擔重任？

3.如今的困境是身不由己，還是心甘情願？一力承擔是否有必要？其實我有所選擇，並非逼不得已？

權杖十的正念心法

1.我願意將身上的重擔交託出去，尋求協助，並且相信他人也能做得很好。

2.當負擔過重，身心已出現狀況，我衡量自身的能力與體力，將不屬於自己的責任還回去。

3.過勞讓我失去平衡，看不清真相。在能力範圍內，讓自己游刃有餘地行動，我將更有效率地達成目標。

人際的交流互動：情感表現的十個面向

聖杯牌組：水元素

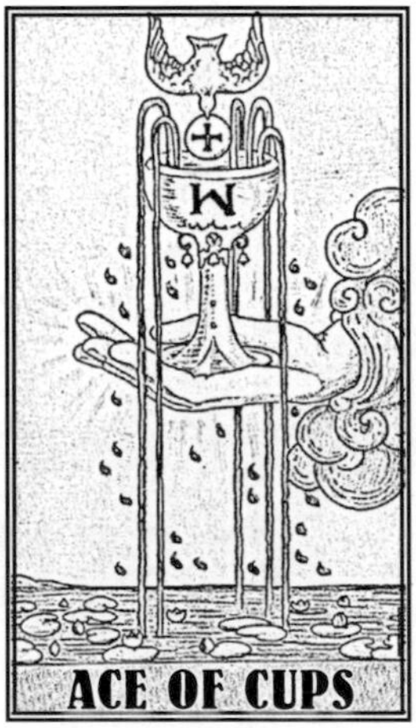

杯子之於水，猶如海洋之於河川，隨時敞開自己，無條件地接納。杯子承接水，也容許水的流動、離開，甚至改變狀態。不管驚濤駭浪、涓涓細流、剔透冰晶或氤氳蒸氣，都不影響水的本質。杯子對水的包容，就像海洋那麼寬廣，杯子對水的愛，彷彿海洋那麼深邃。

杯子是裝盛水的器具。人的情緒就像水，有高有低，有起有伏，時而浪濤洶湧，時而平靜無波。試想，如果我們把自己的情緒緊緊密封，控制在一個穩定的狀態，是有可能的嗎？如果非要這麼做，並不是不行，只是久而久之，這灘水將慢慢發臭，變得毫無生命力。面對我們隨時變化流動的情緒，要帶著聖杯的包容力，無條件接納理解，同時悉心呵護，捧在手心上。當我們壓抑情緒，控制情感的流動，就失去了認識自己的機會，也是對本性的否認。唯有接住每時每刻的每個感受，隨生命之波逐流，我們才能包容完整真實的自我。聖杯代表我們對自己的愛，對情緒無條件的接納，然後我們才有機會看看杯中物，從中認識自己。

如果說權杖讓我們因目標而開創行動，聖杯則讓我們因「關係」而有了情感的流動。關係是一面鏡子，我們從對方眼裡看見自己的某個面向，每個面向都是一部分真實的自我。每段關係互動間的感受，也協助我們越來越認識自己，越來越懂得接納與付出，知曉愛的真諦。倘若我們接納自己的全部，就能用同等方式包容情緒，看待關係，同理他人。我們的心可以涵容得越來越多，甚至像一座海洋那般廣納百川。

在凱爾特神話中，尋找聖杯是所有英雄追尋中最艱險、最偉大的壯舉。無數騎士為了尋求聖杯，踏上了冒險犯難的不歸路。我們都是個人生命旅程中的聖杯騎士，在人際關係中認識自己，在情緒之流裡學會接納包容，也理解「愛」是通往心靈富足的途徑，亦是圓滿人生的答案。

當你時常抽到聖杯牌組……

最近是否特別注重人與人之間的關係互動呢？或者情緒特別豐沛，充滿想像力，也容易多愁善感呢？我們在關係的課題裡學會付出與接納，在情緒的流動中感受自我的真實，聖杯牌組為我們帶來如流水一般自由來去的想像力，如汪洋一般豐沛的感受力，也讓我們品嚐情緒帶來的滴滴滋味，暴烈時彷彿掀起驚天巨浪，平靜時又澄澈如一潭明鏡般的湖水。但這都不是永久的狀態，亦不等同於我們的本質，只是情緒流動的過程，某一瞬間的真實而已。

如果在你日常抽牌的統計裡，聖杯佔有很高的比例，可以觀察一下最近是否較多情緒波動？比起其他面向，你更重視內心的感受？如果任由情感氾濫，就可能失去理性判斷是非，缺乏行動的力量，空有想像無法落實。健康的關係讓我們理解愛只能接納，不是控制與佔有。不抓著某種情緒來威脅操控他人，也不耽溺於情緒中而無法自拔。允許情緒來，也允許情緒走，是我們愛自己的表現。

聖杯一

純潔無瑕的愛，聖靈充滿的幸福

牌義關鍵字

純潔無瑕、情感豐沛
新的感情關係、來自上天的祝福

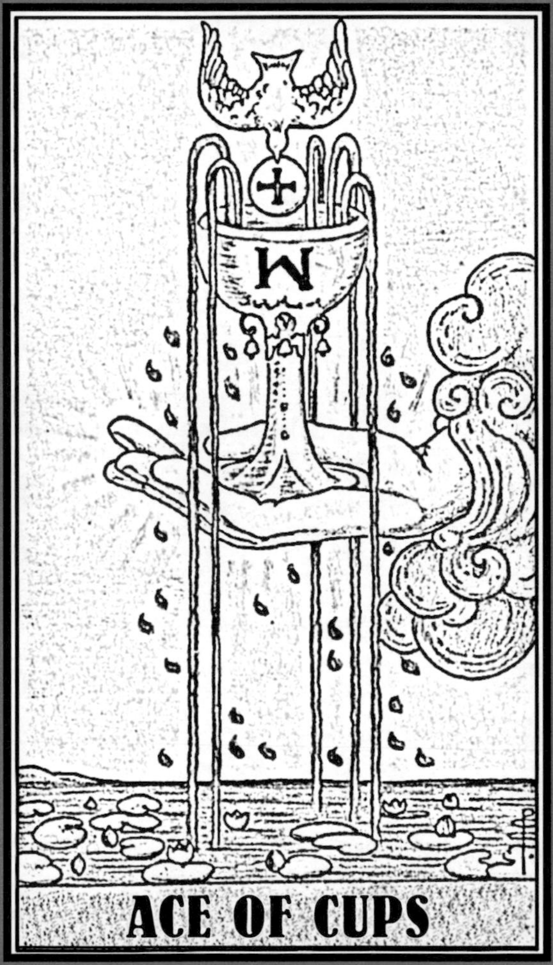

我將一段剛萌芽的感情，仔細捧在手心上呵護，視若稀世珍寶。五道流瀉的噴泉一如我源源不絕的愛，我的情意彷彿深不見底的池水，閃耀著瀲灩波光。純潔的心就像這池上的蓮花般無瑕如玉，帶來靈性的開悟與啟發。我感受到前所未有的滿足，體會了何謂內在的圓滿。

聖杯一是一張帶有宗教意味的牌面。最上方的鴿子象徵聖靈，銜著代表聖體的圓形無酵餅，投入杯內的聖血中。當聖靈、聖體、聖血結合，耶穌於是復活了。從宗教角度來看，這是多麼令人動容、多麼美好的時刻！聖杯一代表關係的新階段，可能是一段新戀情，一個新的承諾，或者是新交的朋友，誕下一個新生兒……無論如何，這段關係的開始，都讓人心滿意足，感到喜悅莫名。

特別值得注意的是聖杯一的手勢，跟其他元素的一號牌一樣，都有一隻從雲端伸出的手。不同於權杖一與寶劍一緊緊握住的手勢，聖杯一的手是輕捧杯子的。如果說，杯內裝盛的是我們的情感，杯子是我們與他人的關係，那的確該被細細呵護，捧在手心上。倘若用力抓住一段關係，意圖控制情感的流動，容易讓彼此感到受困窒息，最終什麼也抓不住、留不下。無論對待自己的感情，或是面對一段關係，如果如聖杯一的手勢一般輕輕捧著，任其來去自如，自然流動，是一種比較健康跟坦然的態度，也較能維持關係的品質。

聖杯一顯示宗教性的滿足感，不帶有目的性，沒有欲望的成分，來自潔淨無瑕的初衷，純粹只是心靈的共振吸引。就如同初戀時的怦然心動、看見新生兒的微笑，一朵花兒的綻放，一片落葉的翩然……那一瞬間的滿足沒有緣由，是福杯滿溢的喜悅，是自然而然、發自靈魂深處的會心感悟，這種富足並非來自於物質，而是心靈上的豐盛。

當你渴望新的戀情，又同時抽到這張牌，可能就會為你帶來一段福至心靈的新關係。但這就只是個美好的開始，後續怎麼發展尚無定數，還需看個人造化，也要順服命運的安排。許多人都會同意，這樣的戀愛關係就像是「上天的祝福與禮物」，我有個期待愛情的個案曾抽到聖杯一，的確，他很快就陷入一段新戀情，剛開始兩人就像是靈魂約定好那般的共振吸引，自然而然陷入熱戀，但是熱戀期一過，發現相處起來個性不合，又快速地協議分手了。他剛開始很難理解，為何這麼美好的開始，卻如此不堪的結束？聖杯一跟其他塔羅牌一樣，都只是我們生命的某個過程的主題曲，卻不會是永恆或結局。千萬別以為抽到了聖杯一，王子和公主就會永遠幸福快樂一輩子！關係需要經營，也需要智慧去弭平差異分歧。即便擁有美好的開始，如何延續戀愛的溫度，歷經酸甜苦辣仍保有初衷，才是關係課題中必須面臨的現實考驗。

聖杯一的日常覺察

1.我是否依循直覺行事，回歸初心去判斷，相信上天會給我善意的回應？

2.我相信心誠則靈，善有善報，只要我心存善念，就會得到好的結果？

3.我願意接納未來的任何發展，相信幸運會自然而然地發生，不需執著控制？

聖杯一的正念心法

1.眼前這段新的關係受到上天的祝福，是兩個靈魂的共振吸引，我珍視且呵護這得來不易的情感。

2.當我回歸純然的初衷，無條件地給予付出，上天聖潔的愛就能透過我，分享給周遭的人們。

3.我充滿源源不絕的靈感，對於現況相當滿意，我享受當下，也包容所有發生。

聖杯二

在愛中消融分歧對立，建立關係中的和諧美好

牌義關鍵字

熱烈吸引、情感交融

平等溝通、主動付出

在你眼裡，我看見美好的自己。你不是我，我也不是你，我們是兩個人，卻又合而為一。「愛」在你我之間流動，突破了個體的差異、性別的對立、觀念的分歧，還有人我的分別。我說什麼，你欣然接納，我做什麼，你理解包容，我給出愛，你回報予愛。在愛裡面，沒有分別。

聖杯二是一雙璧人，也是大阿爾克納「戀人」牌的迷你版。如果說「戀人」初嚐愛的純粹美好，聖杯二則是陷入熱戀了！這對戀人的關係是平衡和諧的，兩人並無尊卑高低之別，沒有誰付出得比較多，誰比較聽誰的話，誰說話比較大聲……或者可以說，在聖杯二裡面，並沒有這種分別的想法，兩個人什麼都可以聊，情感與觀念的流動非常順暢。

這兩人的平等，並非刻意地平衡（拉高哪一方，或壓低哪一方），而是一種自然而然的互信尊重。如同每個人的內在，也都有陽性面與陰性面。陽性特質可能表現在擴展、競爭、積極行動、理性分析等；陰性特質則偏向直覺、想像力、包容接納、分享同樂等。內在的陰陽特質是共存的，卻往往不一定和諧。如果其中一種特質比較強烈，另一種特質就無法自然發揮。我們有時候會刻意壓抑自己的某一種面向（在現代社會那往往是陰性面），而助長另一種特質過度膨脹。久而久之，內外在都會受到影響而失衡，也會讓人感覺分裂而不完整。

聖杯二象徵一種陰陽和諧交融、對話溝通的美好畫面。可能是實際上平等合作的親密關係，也有可能是內在對立/衝突面的交流融合。兩人中間的赫密斯雙蛇杖，代表兩性間的平等溝通、學習互助。上方的獅子頭和聖靈翅膀，則是熱情欲望與純潔初衷的結合。聖杯二告訴我們，許多看似衝突的元素，男人和女人、陰和陽、肉體與靈性、欲望與夢想……都不一定是非黑即白的二元對立，如果可以平等如實地溝通，再大的分歧都能在愛中和解交融。

有一陣子我時常抽到這張牌。當時我正面臨內在整合的課題，過去的我對待自己和他人都十分嚴苛，凡事要求完美。我會很理性邏輯地分析事情，什麼事「應該」如何，都嚴格要求是非對錯，而缺乏彈性。久而久之，我發現不管是自己或身邊的人，都被我過度膨脹的陽性特質壓迫得快喘不過氣。當我開始學習印加薩滿，回到自然裡接受萬物的教導，我重拾了陰性的力量，開始懂得謙卑、包容與接納。但是整合的過程並不容易，當我又陷入糾結分裂的時候，我開啟了內在的對話，想像一邊是嚴厲的父親，一邊是慈愛的母親，兩方進行溝通討論之下，得到兩全其美的答案。要求自己並不是壞事，懂得適可而止，平衡與和諧才是最不容易的功課。最奇妙的是，當我打開了內在男人與女人的交流，當「他們」可以和平共處，我發現我的兩性關係也跟著流暢和諧。

聖杯二的日常覺察

1.消除內在衝突的方法不是壓抑或抵抗，而是完整接納與包容彼此間的不同，使之和平共存？

2.在關係中我不仗勢壓人，也不委曲求全，站在平等的位置上，才能彼此尊重，順暢溝通？

3.我願意主動付出關愛，釋出善意？我能勇敢說出內心真實的想法，不擔心因意見不同，傷害關係的品質？

聖杯二的正念心法

1.我透過愛來溝通連結，消弭人我間的分歧對立，建立充滿創意、互動和諧的關係。

2.我願意主動付出，自然而然地流露愛的感受，他人的參與分享、共同承擔，讓我的喜悅加倍，幸福加分。

3.我重視平等溝通的重要性，帶著愛表達真心，會得到同等善意的回報。

聖杯三

歡慶收割的喜悅，共享豐收的成果

牌義關鍵字

成果回報、同歡共樂

慶祝豐收、平等合作

舉起慶祝的酒杯，我們為自己過去的努力鼓掌喝采。遍地瓜果結實纍纍，是我們血汗的結晶，如今有了豐盛的成果。每個人都付出辛勞，誰都是偉大且不可或缺的一份子。我們共同榮耀，心存感激。在這個喜悅的時刻，我們不分彼此，隨著樂音翩翩起舞，團聚歡慶這美好的一天。

聖杯三常讓人想起姊妹淘的聚會，一群女生在一起能做什麼？品嚐精緻甜點下午茶、分享內心感情世界、聊聊最近發生了什麼有趣的事……為什麼牌面上出現的是三位女性，而不是有男有女呢？比起男性，在一起不是聊投資生意，就是划拳喝酒，即使踏出戶外，也是打高爾夫或籃球，多少都帶有競爭跟較勁的陽性特質。但女性就非常符合聖杯包容接納的陰性特質，女孩的聚會比較傾向互相鼓勵扶持，彼此傾吐接納，一同分享熱愛的事物。

這三位女性的地位平等，並沒有高低尊卑之別。在塔羅裡面，數字三通常有合作分享的意涵，聖杯三是分享收成跟快樂，和樂融融的慶典。看看地面滿是豐碩的瓜果，再辛苦都已經過去了，現在正是歡慶收割的時刻！三人舉杯慶祝，旋轉共舞，不禁令人想到豐年祭或收穫節的熱鬧畫面，大家把收成的作物都擺出來，大口吃肉喝酒，以慰勞過往的辛勞，也感恩彼此的付出。

不過，聖杯三只能看到一同分享收成的喜悅，是否能共患難，就不知道了！抽到這張牌的時候，你可能會收到聚會邀約，氣氛通常偏向輕鬆歡樂，而非心不甘情不願的工作應酬。也有女性遲遲無法脫離單身，占卜時在原因的位置出現這張牌，原來是她平時就有很多知心閨蜜一同分享生活點滴，情感已然滿足，就沒有特別渴望談戀愛的需求了。如果在愛情上面出現這張牌，可能是團體約會或有小孩的歡樂聚會。總之，聖杯三帶來合作關係裡歡樂愉悅的氣氛，就讓我們好好享受這個當下吧！

當我在塔羅日記裡面抽到這張牌，通常這一天會過得十分開心愉悅，可能有家族聚餐，或者和朋友一起吃吃喝喝唱KTV，所以我時常戲稱聖杯三為「吃喝玩樂牌」。很多學生或個案在問感情時抽到這張牌，看到牌面上有三個人，就會擔心自己陷入「三角戀」。的確，坊間有些占卜師會這樣解讀，只要看到牌面上超過兩個人，就會解釋為多角戀。但回歸聖杯三的牌義內涵，加上我自己的實務經驗，一般來說聖杯三極少顯示糾葛的多角戀，除非你周旋其中還感到非常開心（這機率實在微乎其微），而且三個人的地位還是平等和諧，沒有矛盾的，這種情況在現代社會幾乎不可能發生。反而有可能是小家庭誕下一名新生兒的時候，會出現聖杯三這種歡慶的畫面，我曾有位個案在年運占卜時抽到這張牌，最後成功懷孕，開心迎接新生命。

聖杯三的日常覺察

1.比起團體間的競爭較量，我更喜歡和他人共享成果，彼此支持包容？

2.在結盟與合作關係中，我獲得的支持與力量遠超過個人單打獨鬥？

3.我喜歡透過情感的連結，凝聚團體的向心力，彼此平等共榮，真心相待？

聖杯三的正念心法

1.當我設定目標之後，透過辛勤耕耘，努力付出，最後就能享受甜美的果實。

2.我熱愛團體中互助合作、不分彼此的友好關係，大家共同完成任務才會事半功倍。

3.我享受團體中歡樂的氣氛，也喜歡和親人朋友共享開心美好的事物。

聖杯四

因不滿而厭煩，在沉思中獲得靈感的啟迪

牌義關鍵字

休息冥想、流於幻想

沉思考慮、不滿無聊

坐在樹下，微風徐徐吹拂臉龐，在這風和日麗的午後，我閉上雙眼，陷入沉思。目前擁有的似乎已經不再能滿足我了，我感到無趣，卻莫可奈何。現在眼前即便出現新的機會，我也無心關注，視而不見。要如何回到從前，重拾那份純然的初衷？目前我的心裡還沒有答案，讓我坐在樹下，再想一會兒。

從聖杯一的純潔之愛，走過兩情相悅的聖杯二、共同歡慶的聖杯三，到聖杯四的時候，感情已經穩定到令人無聊了。許多關係出現問題，都始於聖杯四的情境。倘若一段關係不再互相吸引，已經乏善可陳、平淡無趣，該如何突破，重拾過往的美好，或者掌握新的機會，為關係注入刺激改變，帶來不一樣的品質呢？

聖杯四的這個人雙手抱胸，不願意敞開心房去感受關係的流動，也拒絕分享，釋出善意。他坐在樹下，看似闔眼休息，也不打算起身行動，可見他身處的情境是停滯不前，不會有所進展的。他面前的三個杯子，是他目前擁有的，雖近在眼前，他卻視而不見。原因可能有二，這些情感關係已讓他感到無趣，不再吸引他的目光注意，或者他不懂得珍惜所有，還癡心妄想其他得不到的。有時候這張牌帶來「劈腿外遇的前奏」，就是出於這種「不滿足」的心態。

從雲裡憑空伸出一隻手握住杯子，讓人想起聖杯一的圖像。這個杯子象徵他的夢想，也象徵眼前的機會。他可能心繫理想的感情關係，卻苦求不得。或者想要從心靈層面著手，為現在的不滿解套，可能透過一閃而逝的靈感、冥想中的啟發，或者一個象徵性的暗示跟連結⋯⋯。無論如何，因不滿而停下來思索的結果，一是往外尋求其他慰藉，如果在關係裡面，可能就真的外遇或劈腿了，但這樣的選擇往往無法填補內心的黑洞，只能圖得一時歡快。另一種選擇是向心靈層面探索，往內去尋求答案，反而可以透過精神的頓悟，和現實建立直接的連結，由內在的完整去顯化外在的圓滿。

情感就像水，在數字四的穩固結構之下，的確會有些受限拘束，而少了「流水」般的靈動鮮活。聖杯四是張中性的牌，是我們生活的日常，沒有什麼吉凶好壞，卻可以讓我們思考，該如何在一成不變的情緒感受之下，突破煩悶的現況？夫妻之間的感情，很容易走到聖杯四的瓶頸，工作也是。我有不少個案在步入中年危機之際抽到聖杯四。如果對生活已失去熱情，缺乏改變的動力，人生再也沒有努力的目標……就猶如溫水煮青蛙，心也隨之慢慢死去。聖杯四提醒我們，滿足欲望之時仍不忘初心，當階段性任務圓滿達成後，價值觀也該調整升級，為了下一步做好準備。記得保持覺察，透過用不同的思維，在現階段的穩定之中洞悉未來的方向。

聖杯四的日常覺察

1.我是否忽略目前已經擁有的，而去幻想不曾存在的？

2.當我不滿於現況，我傾向往外尋求情感的慰藉，或者向內尋求精神層面的解答？

3.我是否沒有好好把握眼前的機會，無法在靈感與現實之間建立有意義的連結，以突破當下的僵局？

聖杯四的正念心法

1.短暫的休息讓我重新思考其他可能性，透過冥想沉思，我獲得靈感的啟迪。

2.透過靈性的思索與反省，我連結內在深層的智慧，而不再向外尋求解答，仰賴他人的給予付出。

3.當我感到疲憊不滿時，先不急著處理解決，停下來好好休息，讓腦袋放空歸零，新的想法也許會如曙光乍現，帶來啟發與轉變。

聖杯五

讓眼淚洗滌悲傷，在失落中珍惜所有

牌義關鍵字

悲觀解讀、仍擁有部分

失落沮喪、沉溺悲傷

任由淚水流淌臉頰，隨著眼前的滾滾江河，奔流不復返，一如我失去的那些，永遠不會再回來。我無法跨越悲傷的淚河，亦無法抵達未來的彼岸，只是緊緊盯著那曾經擁有、如今卻傾覆一地的美好。我沉緬於悲痛之中不能自已，孤獨黯然地哭泣，卻不曾回頭望……背後的支持依然在，擁有的還有很多，我並非一無所有，只是仍需要一點時間，讓淚水洗刷悲傷，讓心情淨化沉澱。

聖杯五的主角穿著黑色斗篷，顯示他低落沉重的心情。前方有三個傾倒的杯子，裡面的液體潑灑一地，主角望著失去的一切，難過地掩面哭泣，暗自神傷。時間像是靜止在這一刻，悲傷凍結了一切，但失去的卻不能復返，如同河水的流逝，永遠不會回頭，只能讓淚水隨著溪水，洗滌受傷的心。

悲傷的淚水如同江河般洶湧，橫亙在主角面前，到不了對岸的城堡，也得不到安全與保護。的確，當我們陷入低落的情緒時，絕望的感受隔離了任何獲得幸福的可能，我們似乎永遠無法跨越悲傷，期待未來，抵達彼岸。就像許多失戀男女，在撕心裂肺的痛苦中，彷彿身陷世界末日，似乎再也看不見明天的太陽，地球也跟著不再轉動。

這是情緒造成的認知偏差，所幸淚水會隨著時光流逝，將悲傷沖淡，療癒痛苦。時間是良藥，深入絕望後才能看見希望。當奔騰的情緒在流動中逐漸平息，窄化的認知將慢慢恢復客觀，我們與周遭重新建立連結，此時才會看見，原來自己並非一無所有，身後的支持與幫助一直都在，只是我們未曾發現。

　　曾有一個母親個案來找我，她遇到了教養的問題。高中的女兒非常叛逆，讀到高二突然不願意升學，想要直接休學當插畫家。女兒單方面宣佈這個決定，並沒有預先和父母商量，讓媽媽感到非常失落傷心。她覺得不被孩子尊重，同時也擔心孩子如果沒有拿到高中畢業的文憑，未來求職恐怕會矮人一截，遭受歧視。和這位媽媽詳談之後，我發現情況並沒有她想像得那麼差。因為這位女兒已經在網路上有些名氣，也和一些單位合作簽約了，看來短期間並沒有失業的隱憂，況且學校的課業對她的興趣的確沒有實質的幫助。我請這位母親回過頭來看看女兒已經擁有的資源與成就，不要一直放大休學失去的那些，或許事情沒有想像的這麼糟糕。

聖杯五的日常覺察

1.我是否執著於眼前的失去，聚焦那些得不到、回不來的一切，讓自己陷入無止盡的失落與悲傷中？

2.淚水是否模糊了雙眼，讓我看不見未來的出路，也阻絕了外界的聯繫與支持？

3.在淚水洗淨傷痛之後，我是否願意客觀看待自身的處境，理解自己從不是孤單無助的？

聖杯五的正念心法

1.我接納失落的感受，允許情緒流動，相信眼淚能帶走傷痛，治癒我受傷的心。

2.我不過度認同悲傷，情緒只是一時的狀態，並不等同於我的真實，我相信目前的低潮只是過程，仍然期待美好的未來。

3.當陷入失望時，仍不忘回過頭看看自己已經擁有的，並好好珍惜、重視周圍其他美好的關係與陪伴。

聖杯六

緬懷過往的記憶，不求回報的照拂與付出

牌義關鍵字

過往美好回憶、無條件給予

保護承諾、無私付出

緬懷回憶，舊愛還是最美。猶記過去種種美好，你的我的他的她的……遙遠的那些，無論好的壞的，就像是牽著線的風箏，摸不著，卻也放不下。人與人之間毫無對價條件的純然付出，好像許久不曾擁有了！懷念彼此間真摯無私的情誼，我承諾永遠陪在你身邊，把你緊緊擁在名為愛的羽翼之下悉心呵護，願時光永不流逝，當初不曾遠離。

聖杯六的愛，是純真無瑕的付出，是不求回報的施予。你曾經擁有這樣的情感嗎？你是給予者，還是接受者呢？在關係裡，人與人的情感猶如流動的水。試想，如果水總是流向同一方，久而久之，關係會不會傾斜失衡？猶如聖杯六裡面，身形比例一大一小的兩位兒童，壯碩的那位無條件付出，體型嬌小的欣然接受他人餽贈，好像可以永遠躲在對方強大的保護之下，不需要堅強，也沒必要長大。

以上情節是否感到有些熟悉？在關係中，我們常常不知不覺會成為那強大的一方，「有我一直罩著你，你永遠不用擔心外在環境的險惡困苦。」有時候，會不知不覺成為弱小的那一方，「反正你會幫我、照顧我，我不需要太認真努力，也不用做太多！」這種失衡的關係，最常在現代的親子間看見。父母希望孩子無後顧之憂地好好讀書，什麼事情都幫他們打理妥當，不讓孩子吃一點苦，也不用為自己的所作所為負責；孩子認為天塌下來了爸媽會扛，不管遇到什麼困難，他們都會幫忙處理善後。久而久之，父母永遠操心不完，孩子永遠長不大。

聖杯六的情感雖然真摯純然，卻容易造成依賴與控制，最後導致關係的傾斜。或許，在大部分的關係裡，一開始雙方的條件多少存在差異，施與受之間不易達到平衡，但隨著時間過去，付出較多的那一方要試著放手，讓接受的那一方學會自給自足，進而回饋給予，也要相信對方「沒有我的庇佑照顧，他/她依然可以憑著自己的力量，活得有聲有色！」

聖杯六往往伴隨著故人往事的回憶，以及來自過去的照拂及幫助。我曾有位熟女個案在占卜如何擺脫單身的牌陣當中，發現尋偶的途徑是聖杯六，剛好在那段時間有個國小同學會，我請她在聚會中特別留意各種交友的機會和訊息。其中有位國小同學知道她仍單身，就主動幫她介紹一位背景相當的黃金單身漢，果然她很快脫離單身，也在童年好友的牽線助陣中，覓得了真愛。我也看過課堂上的學員在占卜夫妻關係時出現這張牌，外界看似不平等的關係中，實際上卻維持和諧的互動，也存在一種難以打破的相互依賴。即便彼此都享受這段關係，有時候還是得退一步，看看自己是否在這名為愛的羽翼下，而失去成長的動機？或者過度付出，而造成對方的依賴？

聖杯六的日常覺察

1.我是否沉溺於過往的美好回憶中，而無法自拔、停滯不前？

2.我是否將自以為是的好意加諸他人身上？或不相信對方沒有我，也可以過得很好？

3.我是否太過依賴他人對我的照顧與保護？或者認為少了他人的幫助，我無法一人獨撐下去？

聖杯六的正念心法

1.我懷念過往的美好，但我依然願意期待未來。

2.我尊重對方是獨立的個體，我信任對方能夠獨當一面。

3.我相信沒有他人我也可以辦到，我願意為自己承擔責任。

聖杯七

迷霧中撥雲見日，幻境中看見真我

牌義關鍵字

欲望恐懼、不了解自己

虛幻想像、夢境、潛意識

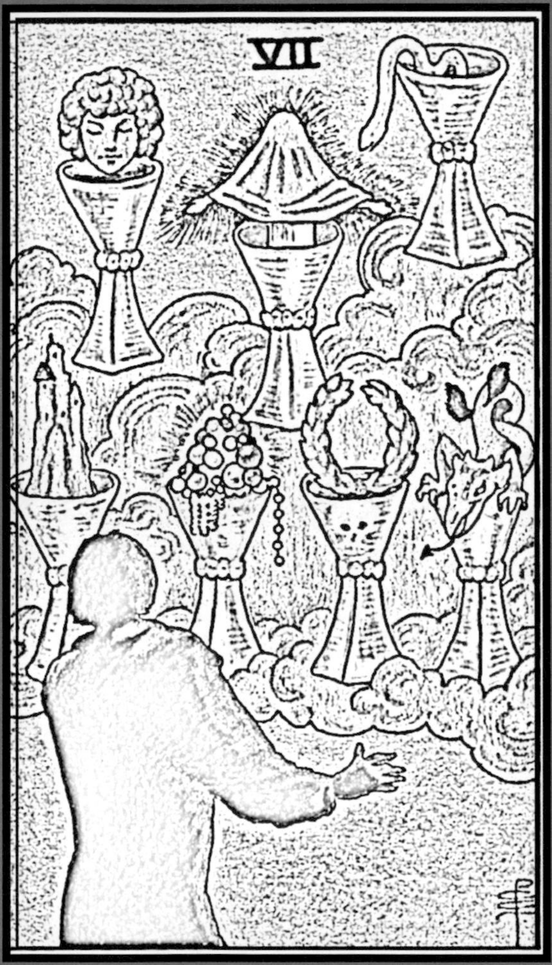

在雲霧縹緲的潛意識層面，在虛無空泛的想像裡，在夜深人靜的夢境中……腦海裡無端生出各種不同的畫面，有我渴望的、恐懼的、夢想的，也有讓我焦慮不安的。諸多影像紊亂紛呈，我隨之沉浮飄蕩，逐漸迷失其中。想要抓住榮耀的桂冠，得到金銀財富，也想要出人頭地，成為人上人。一個轉瞬，又瞥見蟄伏於陰暗深處的恐懼，誘惑正向我招手，欲望的蛇攀爬而升……在這裡什麼都有，什麼都不奇怪，唯一看不見的，是我自己。

聖杯七描繪腦海中的畫面，並非真實的現象。但這些虛無幻境卻左右我們的決定，影響我們的生活層面之深，是再現實不過的問題了！七個杯子裡，裝有七種想像，人頭代表名聲、蛇象徵智慧與欲望、城堡提供安全感、珠寶帶來富裕、桂冠彰顯榮耀、惡龍挑起貪婪邪惡⋯⋯這些七情六欲在心中此起彼落，在腦海中揮之不去，唯一看不見的是上排中央那個被白布蓋住，閃閃發光的自己。

被白布蓋住的真我，是因，還是果？其實兩者皆是！當我們不知道自己真實的樣貌，不知道自己想要什麼，外在各種引誘、聲音、建議、恐嚇脅迫、情緒勒索⋯⋯都會左右我們的想法。這是一個充滿投射的世界，當我們少了內在力量的主心骨，就會隨著外在的各種紛亂起舞，陷入幻境，以致於更不知道自己要的是什麼了！

別人說什麼？外界怎麼看？社會觀感為何？都會混淆我們的自我價值感。深入潛意識的陰暗角落，我們未曾正視過的恐懼、焦慮、欲望⋯⋯都會在某些脆弱的時刻，意識較薄弱的瞬間浮出水面，讓我們陷入無名的不安與恐慌之中。是時候讓我們潛入意識的深處，好好探索那些不見光的感受，當我們看清楚它們的樣貌，坦然面對它們的存在，那些幻象終將煙消雲散。當迷霧退去，真實的自我就在眼前，清明且無畏。

在戀愛的課題裡，聖杯七往往展現了擇偶時的無助。許多單身女性在面對愛情時，總會陷入迷思與混亂，我到底想要一段什麼樣的感情？我的對象應該擁有高學歷？要有社會地位又多金？要有迷人的外表？還是聰明有智慧？如果我一直單身，別人會怎麼看我？倘若我跟眼前這個對象交往，父母會不會不滿意？以上這些條件像是什麼都擁有，卻缺乏了愛。那個被白布蒙蔽的真我，到底想要什麼？愛的是誰？我們追求的到底是心中所愛，還是父母所愛，還是普世價值下的完美對象？當陷入聖杯七的迷惘時，並不需要逃避此刻的混亂，這個過程有其必要，也是一種內在的功課。當我們剝除一層層眾人的投射、社會的期待、心中的恐懼、不安、惶恐、焦慮……然後我們揭開那塊白布，就能看見自己的真心。

聖杯七的日常覺察

1.對於自我定位與價值，我是否存有許多不切實際的虛幻想像，缺乏正視真相的勇氣？

2.我是否容易受到外在環境與他人的影響，或者迷失在不實的表象中，而把自己真正的需求、想法放在次要的序位？

3.當陷入迷惘困惑，我是否願意坦然面對，釐清幻境，看見真相？

聖杯七的正念心法

1.與其在意外界怎麼看，別人怎麼想，我更需要把自己的感受放在第一位。

2.我願意深入潛意識，探索未曾覺察的自己，誠實面對所有的情緒感受、貪婪欲望和恐懼焦慮。

3.與其向外索求掠取，我更傾向探索內在，認清自我的真實面貌，從中獲得靈性的成長與滿足。

聖杯八

焚膏繼晷地追尋，圓滿缺憾的心靈寶藏

牌義關鍵字

改變的執行力、突破現況

缺乏不滿、離開尋找

當太陽光芒隱蔽，當身處窒礙難行的泥沼中，我的心像是缺了一塊，空空的，不再完整。我帶著簡單的行囊，拄著拐杖，做好長途旅行的心理準備，下定決心，就整裝出發。我不知道能不能找到，也不確定那個能填補我內心缺憾的關鍵究竟在何處。不過，我卻可以肯定，如果只是留在原地坐以待斃，那麼我永遠找不到答案。

聖杯八的牌面上共有八個杯子，排列方式剛好形成一個空缺，身穿紅袍的主角在日食的天象之下，從缺口處出發，遠離原來身處的泥濘沼澤地帶，前往漫長未知的旅程。聖杯八行動的動機，源自於心裡的那個缺口，某種不滿、遺憾，讓他們無法忽視。如果繼續待在原地，只會讓他們聚焦那個空缺，陷入痛苦的困境中。唯一的解決辦法，就是離開現況，去尋找失落的那一塊拼圖。

聖杯八原來是被困在低處的泥濘沼澤裡的，而天空中月球正遮住了太陽的光芒，形成所謂的「日食」，也象徵光明面被內在陰影所隱蔽。然而，主角已經走出窒礙難行的困境，往上攀登更高山丘，以更開闊的眼界，追尋遠大的夢想。日食也僅是一時的天象，最後太陽的光輝仍然會重現，普照大地。

所以聖杯八正告訴我們，只要願意行動，就會有希望。也許我們對現況感到不滿，也許心裡不太舒坦，感覺受困、無能為力……但這都只是一時的，我們絕對擁有改變當下的內在力量，頭腦與情感上的理解還不夠，付諸行動更需要勇氣。待在舒適圈裡是安全的，但如果現況已不能滿足內心的嚮往，就該勇敢踏出去，追尋更高的理想了！

聖杯八的「出走」不僅來自情感困境，也常表現了職場上的無能為力，只能轉身離去。許多人礙於工作不好找，擔心「下一個不會更好」，因此不敢突破現況，讓自己困在日復一日的痛苦中。所有煩惱「是否該離職」的個案來到我的面前，有很高的比例抽到建議採取聖杯八的行動。既然心中有憾恨，感覺空缺了一塊，你是否願意為了自己改變，尋覓那只失落的聖杯？不過，也有很多人到最後才發現，根本永遠找不到那份填補缺憾的工作或感情，因為聖杯八的向外追尋，到頭來反而更像是一場內在的朝聖之旅。心中的空缺需要心藥療癒，需要對自己的包容與理解，去圓融及彌補。聖杯八的外在行動，同時啟動了內在的旅程，內外的相互映照顯化，亦是聖杯八更深層的影響。

聖杯八的日常覺察

1.即便擁有再多，只要心裡有遺憾，就會一直盯著那個缺口，心懷不滿？

2.與其身陷困境，自怨自艾，我是否願意為自己出擊，主動爭取其他可能性？

3.我是否願意放下目前擁有的，為了填補內在的不滿空缺，勇敢積極地改變現況，去追尋更高的理想？

聖杯八的正念心法

1.我相信自己擁有巨大的內在力量，能夠為理想而改變，突破現有的困境。

2.即便擁有再多，心中如有不滿，就會徒留遺憾。我願意將想法化為實際行動，相信自己值得美好的對待。

3.當我意識到現況已不能滿足我的需求，我發現自己已然走在追尋的路途上，改變永遠不會遲，就從當下開始行動！

聖杯九

用榮耀築起城牆，無人知曉我真心

牌義關鍵字

不願分享、美夢成真
豐收成就、高傲自滿

在我構築的城堡之內，我享受所有成果榮耀。將戰利品一一擺上檯面，呈現眾人眼前。我享受所有注目，還有大家欽羨的眼光。滿足油然而生，我感到自信驕傲。不知不覺，光榮的獎盃築起了冰冷的高牆，將他人阻隔在外，遠遠推離我身邊。沒有人知道，華麗的城堡內隱藏了什麼，志得意滿的表象，將真實蓋在布幕之下，我不願分享所有經驗感受，也無意讓人知曉我的真心。

聖杯九是眾人眼中的人生勝利組，他們看起來總是那麼光鮮亮麗又難以親近。即使他們心裡並沒有貶低別人的意思，但他們呈現出來的形象，無意間就透露出優越感，讓人自嘆弗如，相形見絀。他們並不怕別人知道自己過得有多好，擁有多少眾人羨慕的條件，所以常常讓人感覺他們有點在炫耀的意味。

聖杯九表現一種內在的滿足與自信，他們認為私人領域不需對外解釋，也不在意其他人的看法。由於擁有健康成熟的自我價值觀，他們不太容易完全敞開自己，讓別人看見他們的心，所以通常會給人一種距離感，顯得他們高高在上。他們也擅長自我包裝，僅呈現引以為傲的一面，美中不足的那些往往被隱藏在檯面下而不為人知。

聖杯九牌面上的主角，穿著打扮與錢幣六的那位慷慨富人一模一樣。但是聖杯九這位並沒有這麼願意分享，他雙手緊緊抱胸，像是拒人於千里之外。擁有的再多，如果只能一個人獨享，難免有些高處不勝寒。倘若能敞開心胸，待人寬和，表裡一致，或許可以體會不同層次的幸福與滿足。

我有一位非常優秀的朋友，她不僅學歷高、事業成功、長得美又懂得打扮，卻獨缺一個伴，想愛又怕受傷害。關於愛情的占卜，她時常抽到這張牌。我問她：「有人說過你看起來高傲，難以親近嗎？」她點頭如搗蒜，很委屈地說：「但我沒有這個意思啊！你也知道我天生就是充滿自信，說話很大聲，勇於展現自己！」是啊，這種高高在上的人生勝利組，在談戀愛的時候總是比別人不容易，如果可以表現得平易近人一些，可能會讓人更想親近她。我曾在占卜和大女兒的親子關係時，一樣抽到這張牌。我確實非常以她為榮，在外她表現得聰明優秀，才華洋溢。但我們之間卻有些相處問題不足為外人道，也引發了不少親子衝突。外人總是看到光鮮亮麗的那一面，不會知道我在這段關係挫敗中花了多少時間精力，去學習成為一個母親。

聖杯九的日常覺察

1.我認為所有成就皆源自於過去累積的努力與反省，無人真正懂得箇中滋味，所以不足為外人道？

2.我知道要達成現在的滿足榮耀並不是一件容易的事，因此也不會隨隨便便把內在的感受揭露於外？

3.我以自己為榮，審慎守護成果榮耀，卻不經意流露出一種優越感？

聖杯九的正念心法

1.當我風光得意之時，也坦然接納內心那些不為人知的感受。

2.我以自己所擁有的為榮，仍不忘顧及他人的感受，同時願意分享這份喜悅給身旁的人們。

3.敞開心胸去感受人與人之間的流動，張開雙手去接納和給予，我將擁有不同以往的情感體驗。

聖杯十

手足般的同理接納，彩虹般的和諧輝映

牌義關鍵字

四海一家、世界大同

如同家人般的愛、圓滿幸福

我已不再向外追求圓滿，因為在我的心中，所有傷過、痛過的，都在自我接納中漸漸縫補，日趨調和、圓滿。所有來到身邊的，都是我的親族家人，我們沒有誰是孤立於世，我們如同血脈緊密相連，共生共榮，如同彩虹的光譜和諧輝映，我們都是地球的一份子，都是兄弟姐妹。當完整地自我接納，我也可以包容全世界。

聖杯十是一種情感層面的圓滿，從聖杯一發展到聖杯十，我們在情感的流動中學習給予和接納，在關係的鏡子中慢慢看見真實自性的樣貌。然後我們發現，所謂的「圓滿」並不需要刻意追逐，也不是將「不完美」的自己拼湊到「完美」的過程，而是一種內在的安適與自在。當我們有「追求完美」的念頭，無形中就在「完整」與「不完整」之間分辨了高低，也因為內在的分裂與痛苦，容易感到自己「不夠好」。

在尋找聖杯的內在旅程中，我們總以為佚失的那塊拼圖，必須向外苦苦追尋。殊不知它一直都是我們的一部分。當我們輕鬆幽默地面對情感上的傷痛，如實接納自己的感受，就不用勉強撐出一個理想的樣貌，內在也就騰出一片寬廣的空間，去容納和你不同的其他人，也有餘裕去回應自己的需求。

所以聖杯十所呈現的「世界大同」、「四海之內皆兄弟」的情懷，並非空泛的口號，而是一種全然的包容與接納。當你可以仁慈地看待自己，正視內在的傷痛匱乏，就可以同理包容他人，猶如手足般友愛。在這個多元的社會裡，許多對立衝突、鬥爭傷害，往往都來自個人心中的匱乏。當我們對自己嚴厲苛責，覺得自己不夠好，內心就會緊縮執著，無法接納不同價值觀、不同的宗教信仰、性向喜好，或是人生選擇。聖杯十的愛很宏大，卻需要從小處慢慢培養，就從「愛自己」開始吧！

每當看到聖杯十，我都想到這幾年來被廣泛討論的多元性別議題。彩虹裡的每個顏色都有其存在的價值與位置，少了任何一種，這個光譜就不再完整、美麗。無論世人眼裡完美與否，社會接納的、不接納的，所謂的美的醜的、好的壞的，都是彩虹的一部分，沒有誰該被屏除在外，也沒有誰可以缺席。大眾對少數的偏見撕裂了人與人之間的信任，也殘忍地傷害了人性的善良。誰都不會永遠居於多數，當我們是相對少數時，願意打開心去接納真實的自己嗎？塔羅牌對我而言是映照自我的鏡子，在占卜實務中我發現自己與許多朋友的關係都是聖杯十，尤其是我在大學認識的那些同學，無論社會地位、性向、成就、長相……全都不會是我們看待彼此的條件，這些好朋友就是我的手足和家人。當我打開了彩虹般的視角，就能以寬闊的心去擁抱世界的真實。

聖杯十的日常覺察

1.我相信真實的快樂不需向外索求，而是內心的富足完整嗎？

2.所謂的圓滿，是外在看起來的，還是內心感受到的？

3.我是否可以仁慈看待自己，也同理他人的處境與選擇？

聖杯十的正念心法

1.我幽默看待過去的傷痛，自在輕鬆地表達真實的自己。

2.我接納內在的真實情緒及感受，也包容他人不同的想法與做為。

3.當我對自己寬恕慈悲，能輕鬆自在地面對自己，也能與世界和諧共處。

洞悉生命的挑戰：危機影響的十個面向

寶劍牌組：風元素

瞬息萬變的思想，猶如空氣的流動，時而席捲一陣狂風，時而徐徐輕拂，稍縱即逝，不曾片刻駐足停留。閉上眼感受空氣中的溫度與氣息，當你想要緊緊抓住風，就只剩下一團沉悶的空氣。

寶劍牌組是塔羅中的風元素，帶來挑戰與傷害，也帶來心智上的考驗。生命中遭逢的各種困境，形塑了我們對痛苦的理解。我們也許會以受害者自居，陷入無止盡的被害情節裡，將所有過錯推給外在環境或他人，然後不斷地抱怨自憐。我們也可以在每次挫折中更深入探索自己，看見情緒背後的成因，洞悉隱藏的真相與祝福，一次次地從傷害中蛻變成長。如果人生一帆風順，我們不會有機會去思索其他可能性。所有的痛苦、挑戰、傷害與困境，都不是徒然的，反而能讓我們更真切地從親身體驗中去理解身處的這個世界。

思想猶如寶劍，是一把雙面刃，揭示了生命的二元性，也帶領我們去超越二元的限制，得到心靈的成長和解脫。中古時代的騎士提著寶劍衝鋒陷陣，寶劍可以奮勇殺敵、保衛家園，也可能濫殺無辜，造成無數的家庭悲劇與刀下冤魂。當我們以鋒利的寶劍砍向了眼前的障礙，另一刃也同時切入自己。所有的拔刀對戰，終究導致兩敗俱傷，沒有人是真正的贏家。

思想是每個人手中的寶劍，可以幫助我們冷靜沉著、清晰判斷，也可以傷人害人，甚至自我傷害。所有思考與信念，即使只有轉瞬的片刻，都能引導我們感受，創造我們每一個當下的處境。就像使劍一般，需要拿捏尺度，使用合宜，才能好好發揮思想這把劍。透過心智力量去分析判斷事物之時，過度與不及，都將導致傷害。缺乏思考能力會讓我們陷入混亂，無法破除迷思，清晰判斷事實的脈絡和因果。過度思慮又會庸人自擾，終將被自己豢養的思想巨獸吞噬，落入空想而無實際作為的困境。維持寶劍的中立清明，不偏不倚，需要現實的操練，也需要智慧去決斷。我們的思想，決定世界的樣貌。

當你時常抽到寶劍牌組……

最近是否面臨較多考驗？挑戰一個接著一個，常有擔心受害的感覺？心力交瘁卻無能為力？如果你有過度思慮的傾向，記得把「自我懷疑」，改為「自我提問」。例如，在受挫時心裡如果響起質疑的聲音：「我是不是哪裡做得不夠好？是否不值得被愛？我是受人尊重的嗎？」可以先把注意力放在鼻頭與眉心，做幾個均勻的深呼吸，讓思緒回歸中心。將以上問句改成：「怎麼做可以讓事情更順利、有效率？要如何充分發揮自我價值？我還忽略了什麼部分沒有完成？我需要尋求他人協助嗎？」

善用心智這把鋒利的寶劍，從中立的視角，再一次解讀我們面臨的挑戰，帶著清明澄澈的洞見，重新審視我們的傷口。寶劍牌組帶給我們的智慧啟發，在於破除危機所引發的迷思與混亂，為生命闢出一條明晰的道路，讓我們得以適切、無畏地繼續向前。

寶劍一

面對危機主動迎戰，積極掌握致勝先機

牌義關鍵字

榮耀勝利、尋求專業協助

新的挑戰、主動出擊、過度的作為

當挑戰尚未成形，當危機四伏暗處，我已一手抓住寶劍，掌握了致勝的關鍵。殺戮的場合一向不輕鬆，也不能感情用事。我冷靜地判斷思考，理性分析是非對錯，斬釘截鐵地做下決斷。我一絲不苟，絕不拖泥帶水，看準了就迅速的行動，一出手就非得要成功。或許做法稍有過度，但勝利的榮光，最終會屬於我的。

寶劍一跟權杖一的牌面上顯示相同的手勢。無論面對行動的機會（權杖一），或是面臨新的危機與挑戰（寶劍一），唯有主動出擊，積極行動，才有可能把握致勝先機。與權杖一不同的是，寶劍一背景沒有宜人的青山綠水，而是陡峭難行的崇山峻嶺，更顯示了行動的困難度，並非僅憑熱情或運氣，就可以輕易過關的。

情勢如有需要到動刀動劍，想必不會是一件輕鬆的事。寶劍出鞘，必定見血，不管傷的是人是己，殺人或保護人，不管孰是孰非，都在持劍者的一念之間，稍有不慎，就可能釀成大禍。一旦猶豫不決，感情用事而錯失了出擊的先機，挑戰的難度也很有可能隨著時間而加劇，變成寶劍二、三、四、五……最後造成寶劍十那般不可挽回的傷害。

寶劍同時象徵清晰的思考與理性的判斷。當危機來襲，保持冷靜是非常必要的條件。如同牌面的這把寶劍，不偏不倚指向天空，勇敢向外宣戰，那就已經掌握了成功的優勢。上方的皇冠，代表物質世界的榮耀，垂掛的橄欖葉和棕櫚葉，則象徵戰鬥後的勝利。但寶劍刺穿了這些象徵物，顯示獲得成功的手段要避免過度的作為。就像是戰士為了保家衛國，卻傷害無辜的敵國百姓；清晰理性的思考雖能分析事物鞭辟入裡，卻難免過度犀利而不近人情。思考如同一把劍，如何善用需要智慧，保持中立理性之餘，也需適可而止。

很多人只要看見牌面有劍就自己嚇自己，覺得事態不妙，開始胡思亂想，最後很有可能就「自我應驗」了！寶劍的出現提醒我們要善用心智的力量，寶劍一算是程度最輕微的挑戰，甚至只是尚未成形的徵兆，還沒造成威脅。如果能抱持更積極正向的態度，寶劍一不僅能掌握先機，致勝的機率也很高。我曾有個朋友在創業初期抽到寶劍一，當時他隱隱感覺合夥股東心懷不滿，但已忙得焦頭爛額，就沒有去正視這個問題。當寶劍一顯示了這樣的警訊，我提醒他要更主動地了解狀況，並且積極介入處理，還好及時化解了一場誤會，也讓他的新創事業能有個順利的開始。

寶劍一的日常覺察

1.我願意適當使用心智的強大力量，不偏不倚地行走於中庸之道之上？

2.我是否為了獲得成功而過度鋒利、不近人情，最後傷人又傷己？

3.我是否在危機萌芽之時，就主動掌握先機，積極地應對，採取行動？

寶劍一的正念心法

1.當進行一項新的計畫，我審慎評估行動的後果，並保持中立不過度。

2.我願意主動掌握新的挑戰，用清晰與理性的思維，決定未來的計畫。

3.我善用心智思考的能力，把握致勝先機，在問題尚未成形之前就妥善處理。

寶劍二

逃避無法突破僵局，張開雙手才能擁抱全世界

牌義關鍵字

僵持不動、暗潮洶湧

逃避現實、被動防禦

我矇住雙眼，不願看見外在世界的真實，那對我而言太殘忍不堪，觸目驚心。我舉起雙劍，繃緊神經線，防禦這個不友善的世界。環境中稍有動靜，就杯弓蛇影，草木皆兵。你看不進我的心，我亦不願敞開去感受傾聽。心中的不安恐懼，猶如汪洋一般深不見底，無邊無際，任何風吹草動，都能在海面激起漣漪。其實你始終不懂我的心，不如表面般無波平靜。

有時候，什麼都不做，似乎是最安全的選擇。不看不聽，不反應不行動，似乎就不會受到傷害，也不用去面對赤裸裸的真相。為了避免期待落空，或者不敢和內心的黑暗正面對決，我們封閉了所有感官，也關上了與他人連結的心，以為不去感受，就可以平息內在的焦躁不安。

結果通常事與願違。因為看不見，聽不到，或許可以暫時逃避現實，可以假裝天下太平無事，卻躲不掉心中鬼魅般如影隨形的恐懼。一旦觸碰敏感的神經，內在的小劇場更是波濤洶湧，蕩漾不止。這種自欺欺人的「無作為」，雖然勉強說服得了理性的腦袋（只要看不見就「沒事」），卻騙不了內心真實的感受（害怕不安的情緒）。

黑暗並不會因為你轉身背對它，就不找上你。寶劍二的逃避心理，其實來自於內心無謂的堅持。寧可坐以待斃，也拒絕面對，不採取任何行動，不願放下心中成見去突破眼前的僵局。限制我們的通常不是這個可怕的世界，而是我們自以為是的想法。睜開雙眼看見真實，用心感受環境的流動，放下手中防禦的劍，起身積極地行動……逃避不是唯一的選項，改變也沒有想像中那麼難！

我有一位單身女性個案來諮詢感情問題，她告訴我，身邊雖然有許多追求者，但都不符合她的條件，好像短期之內不會再有墜入戀情的機會。當她抽到寶劍二，我詢問她是否曾有不愉快的戀愛經驗？原來，在前一段戀情裡她和男友交往多年，以為終於可以定下來的時候，突然發現對方劈腿，最後不歡而散。因為她各方面的條件都很不錯，其實並不乏追求對象，只是她現在似乎封閉了情感，關上了心扉，不願意再相信愛情。對於這些追求者，她所謂的「條件不符合」，只是一種自欺欺人的說法。如果不再打開心去感受，睜開眼去看見，即便身邊有再適合的人，多少真誠的善意，她都沒有機會接收到，他人也看不見她的真心。她的防備將「愛」拒於千里之外，要重新接受愛，也學會付出愛，要先從療癒那段她不願面對的傷痛開始。

寶劍二的日常覺察

1.我是否習慣逃避現實，並有自欺欺人的傾向？

2.我到底害怕些什麼？比起對峙的僵局，我更擔心發生什麼？

3.與其坐以待斃，是否有更積極的作為，可以突破目前的困境？

寶劍二的正念心法

1.放下無謂的堅持，就能看見眼前的康莊大道。

2.打開心門接納更多可能性，我相信自己有能力面對變動與危機。

3.放下防備的寶劍，鬆開戰鬥的拳頭，才能張開雙臂擁抱更寬廣的世界。

寶劍三

撕心裂肺的傷痛，條件不足的延遲

牌義關鍵字

計畫延遲、條件未完備

心碎受傷、淨化成長

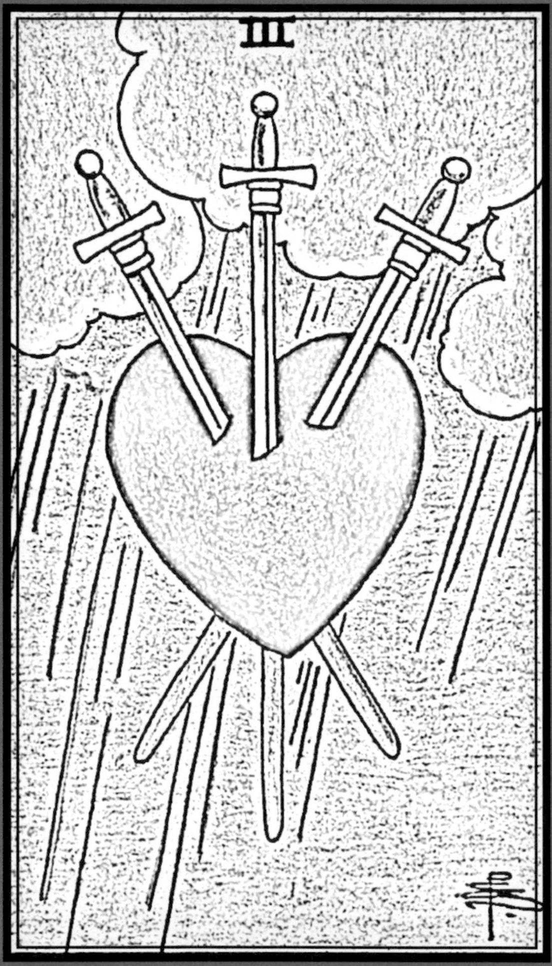

所謂的錐心之痛，大概就是我現在的感受吧！如果只有一個打擊，我大概還撐得住，壞的就是接二連三、多重打擊，種種來自外在的傷害，同時刺穿我柔軟的心。絕望的感受揮之不去，灰暗的情緒如同霏霏陰雨，伴隨著我的淚水，綿綿無絕期。烏雲總有散去的一天，雨終究會停，現在讓我先獨自靜一靜，用眼淚淨化千瘡百孔的心，我還需要一下下，等待雨過天晴。

寶劍三的心如刀割，不是單純的萬事不如意而已。來自外在的傷害，就這麼直狠狠地重擊要害，痛得心頭都滲出血來了，逃不掉也躲不了。這種撕心裂肺，常常出現在失戀的時刻。眼淚默默地流淌，好似全世界都跟著下雨。讓悲傷流動是一件重要的事，讓淚水洗淨心頭的傷口，是個有益健康的選擇，我們是否都好好面對自己的傷痛？

寶劍三帶來絕望與傷痛，赤裸裸地攤在眼前，沒有辦法視而不見。當傷害已經造成，只能好好擁抱悲傷，安撫內在受挫的感受。如果我們拒絕面對，隱忍悲痛，那麼這段痛苦的時期將持續延長，難受的感覺更揮之不去。「接受」是讓情緒流動的第一步，允許自己好好地哭出來，也是對自己的慈悲。

寶劍三也代表一種條件不俱全的狀態。如同背後的空景，除了雲雨之外，什麼具體的物件都沒有。因此在傳統的經典牌義裡，寶劍三還象徵因各方條件不完備，而造成預期之事的延遲跟落空。例如預定年底出國留學，但是學費還沒存到，留學考試不及格，學校沒有申請到⋯⋯原定計畫也只好往後遞延。如果遇到這種情況，也只能等待時機成熟了，條件慢慢完善俱全，乾著急或趕著行動是沒有任何幫助的。

所有的數字三都帶有「聯合」、「加成」的意涵。寶劍三則是加倍的重傷害。在占卜實例上，許多人一看到寶劍三的牌面就感到惶恐驚懼，不禁擔憂：「被三把寶劍刺穿的心臟，該有多痛多難受？」身為執業占卜師，避免個案在諮詢之時遭受二度傷害是我的職責，因負面解讀而造成的「負向暗示」或「自我應驗」也是我極力避免之事。破壞傷害總是帶來反省與改變，自古以來皆是如此。如果聚焦於利刃多尖銳，傷口多痛，實在於事無補。傷害既然已經造成，我們還能怎麼辦？大哭一場，讓眼淚淨化傷痕累累的心，療癒後重新審視傷口，透過寶劍般明晰的洞見思考，在痛苦中成長提升，才是寶劍三帶給我們最珍貴的禮物。

寶劍三的日常覺察

1.我是否誠實面對目前的傷痛與失落，還是勉強壓抑情緒，故作堅強？

2.當外在的傷害讓我無能為力，我願意好好照顧自己受傷的感受，而非急著否認？

3.當條件尚未俱全的時候，我願意耐心等待，不急著馬上有結果，期待努力立即有回報？

寶劍三的正念心法

1.完整地體驗悲傷是療癒的重要歷程。我誠實接納內在真實的感受，讓情緒自然流露，允許自己好好哭一場。

2.我相信悲傷是會過去的，就像雨後總會天晴，雲的背後就會看見彩虹。

3.在嚴重的打擊之下，我體會了對自己的包容跟慈愛，眼淚淨化了傷痛，使我成長，變得更堅強。

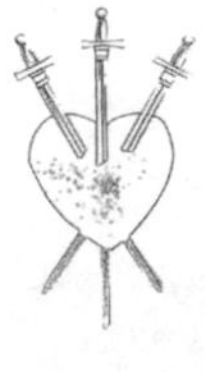

寶劍四

西線無戰事？我心已打烊！

牌義關鍵字

短暫躲避外來威脅

避難休養、心靈休憩

我雙手合十，祈求的不是什麼遠大理想，只願現在什麼都不用爭、不必搶。懸掛起那曾經陪我殺戮戰場、沾染鮮血的寶劍，不需再為了守護信仰而奮力廝殺抵抗。我只想好好地闔上眼，無牽無掛地睡上一覺。外來威脅終究會來，遲早仍要重返戰場。就只要一下下……讓我暫時假裝，屋外無戰事，天下風平浪靜。讓這一方神聖祥和的小天地，滋養我乾涸已久的心靈，撫慰我疲憊不堪的身軀。

再怎麼驍勇善戰的騎士，都有倦勤的一日。職場上奔波勞碌、殫精竭慮，我們像是使命必達的勇士，在工作的戰場上衝鋒陷陣，奮勇殺敵。只要寶劍出鞘，不免殺戮濺血。我們在盡心竭力解決生活中的各種問題時，寶劍的一面刀鋒破除眼前的障礙，另一面刀鋒也朝向自己，難免在過程中耗損精神氣力，最後疲憊不堪。

愛情的戰場亦然。如果一段感情歷經波折，甚至無法繼續走下去，不管誰對誰錯，誰負了誰，誰又虧欠誰，雙方通常都會因此感到消耗折磨，身心俱疲。即使是戀愛高手，在歷盡風帆之後，也會想要暫時找個避風港停泊，尋求內心的依靠與歇息。有好多人在感情路上跌跌撞撞、尋尋覓覓。帶著傷去找愛，吸引的往往不會是真愛，而是相同模式的循環。如果不把心頭上的傷養好痊癒，那就無法帶著純粹的初衷去吸引美好的頻率。

你累了嗎？停下匆忙的腳步，將紛亂的思緒關機，放下手邊的工作，不去理會訊息通知響個不停的手機……覓一處心靈的庇護所。這個地方必須無人打擾，可以是一個點盞溫暖燭光的空間、一張可以躺著輕鬆坐臥的小沙發、或一池蒸氣氤氳的浴缸，甚至是一座專屬的馬桶，哪怕只有十分鐘……做幾個深呼吸……回歸內在的平靜和諧。讓你的靈魂喘口氣，獨處的每一刻都彌足珍貴。

印象中有位身心俱疲的職業婦女來到我的工作室，她來諮詢轉職的選擇。幫她分析了好幾個新的工作，似乎都落入跟上一個工作類似的負面模式。牌陣裡建議的位置出現了寶劍四，我告訴她：「親愛的，你想必是累壞了！如果經濟狀況允許，要不要先休息一陣子？」長年在職場上征戰，讓她幾乎忘了自己是需要休息，也是可以休息的。她不斷在類似的循環中耗損，身心都出現了不適，但她還沒有意識到自己該停下來，以為換個工作就沒事了。如果身心失衡，就無法用正面、健康的態度去迎接工作上的挑戰，不僅事情做不好，還有可能影響健康。排除經濟的顧慮，她決定辭職後先不急著找工作，給自己一段放空的時間，即使無所事事，在此刻都對她別具意義。

寶劍四的日常覺察

1.我是否已經覺得累了，卻還勉強自己硬撐下去？

2.我是否忽略身心的警訊？再繼續這樣下去，是我想要的生活方式嗎？

3.如果停下腳步暫時喘息，我可以用什麼方式滋養我的身、心、靈？

寶劍四的正念心法

1.我聆聽內在的需求，尊重身心的感受。

2.允許自己不那麼努力，當心有餘力，才能發揮實力，積極開創。

3.逃得了一時，避不過一世。暫時的休憩，是為了走更長遠的路！

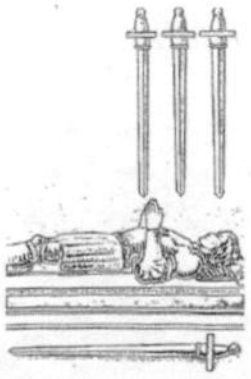

寶劍五

輸贏來自於比較，競爭之下沒有真正的贏家！

牌義關鍵字

爭強鬥狠、好強好戰

意氣之爭、惡意中傷

我不喜歡輸的感覺。為了求勝，我可以不擇手段，不惜所有代價。在你死我活的戰場上，勝者為王，敗者為寇，唯有贏得勝利，才能找到自我存在的價值和意義。爭鬥的過程難免互相傷害，但我一點都不在乎他人怎麼樣，只想證明自己是優越跟正確的，不顧一切地戰鬥，只為了和對手分辨高下輸贏。最後，我終於得勝，心裡卻不如想像得那般舒坦如意。表面上雖風光得意，仍不免高處不勝寒，甚至眾叛親離。贏了你，卻輸掉了身心的和諧與平靜。

有多少次，我們為了贏得面子，而陷入斤斤計較的競爭中，最後弄得身心煎熬，內外交迫？勝與負的分別，是在「比較」的基礎上得來的。有了競爭，有了比較，才有勝負高低的差異。如果只聚焦自己的表現，沒有他人做為比較的基準，就不會有勝敗高低之別，也不會因為輸贏影響心情，擾亂內在的平靜。

表面上的贏，就是真正的贏嗎？在互相爭執、競爭比較之下，往往沒有真正的贏家。沙場中刀劍無眼，雙方不免都會掛彩，也許不見得是肉眼可見的外傷，心裡的煎熬受挫往往更難痊癒。在宇宙法則裡，「給出什麼，最後都會回到自己身上。」當我們拔出寶劍，意圖傷害任何人，即便暫時獲得勝利，最終那些惡意，還是會以各種形式回到我們身上。

贏家未必贏了，輸家也未必就輸得那麼徹底。如果一直苦陷於失敗與屈辱等受害者情結中，這樣的思想就會顯化挫敗的未來，心裡一旦被怨恨與不甘填滿，就不會有空間讓新的生命經驗進駐，也否定了自己變得更幸福的可能性。回歸內在中心，將注意力放在自己身上，所謂的輸贏，都是和他人競爭比較而來的。把生活過好，對自己仁慈，就算看起來輸了，卻贏得了更美好的人生。何樂而不為呢？

有一位長輩即將在兩年之後退休，原本以為可以輕鬆應對最後一段職涯，沒想到卻遇上了職場霸凌。一群新進的同仁聯合起來為難她，讓她因此患了憂鬱症，身心陷入極大的痛苦煎熬。她來找我諮詢，想知道提早退休會不會比較好？在選擇性牌陣裡，很明顯地看出來，退休之後的她可以過得快活暢意，繼續留在職場跟那群年輕人鬥爭，則會讓她的病情更加惡化。但從她個人的心理狀態牌面上，我看見了寶劍五。我問她：「阿姨，你是不是覺得提早辦理退休，就等於豎起白旗投降，代表你在這場爭鬥中是失敗者？」她點點頭表示認同：「對啊，我又沒有錯，憑什麼是我走？」我提醒她，有時候輸贏並非表面看起來的這樣，如果為了不想輸而苦撐著不願低頭，可能賠掉的不僅是寶貴的光陰，還葬送了下半輩子的身心健康。決定離開或許看似讓對方得了便宜，自己面子也掛不住，但卻是一個「贏了人生」的選擇。

寶劍五的日常覺察

1.我是否為了求勝而不擇手段，或在競爭中無意傷害他人，最後反而失去得更多，甚至全盤皆輸？

2.觀察好強性格的背後，是不是打從心底不認同自己，才需要藉由比較來彰顯優越？

3.即使不和他人競爭，我也能活出自信光彩，肯定自我價值嗎？

寶劍五的正念心法

1.當我停止與人競爭比較，便活出真實自性的美好。

2.我肯定自己的獨一無二，也願意欣賞他人的優點特色。

3.世界上沒有真正的輸贏，也沒有判斷高低的絕對標準。

寶劍六

低調是為了離開，療傷是為了前進

牌義關鍵字

外援支持與協助
療傷止痛、漸入佳境

不願聲張我的痛，搗著千瘡百孔的心，轉身離開那塊傷心之地。你看不見我的淚，並不代表我不難過。避開眾人的眼神，低頭掩住潸然落下的淚水，不敢正視傷痛的本貌，那太殘酷不堪入目，更遑論將傷口攤在陽光下。所幸，在最絕望的時刻，身旁還有不離不棄的夥伴，他奮力為我撐篙擺渡，陪我一同橫越淚水匯聚的滾滾洪流。現在，請容我再悲傷一陣子，我深信，未來一定會更好！

寶劍六的痛至深，連當事人都不忍直視那破碎的傷口。有些人受了傷，會大聲嚷嚷求救討拍，深怕別人不知道自己很痛。但有一種痛，只能默默痛在心裡，說不出口，也哭不出聲。因為此時他人的關心注目，都無法彌補已經造成的痛苦，只會在傷口灑鹽，讓疼痛加劇，悲傷倍增。

你也有過這種隱忍著悲痛的經驗嗎？寶劍六的傷猶如牌面裡插在船頭的寶劍，如果硬拔，河水就會滲入船艙，一行人都將一起沉船溺斃。療傷的過程亦是如此，不能強行硬來，當傷口還沒長好，甚至連面對的勇氣都不俱足，又怎能勉強當事者馬上痊癒，重拾快樂呢？療癒需要時間，只要不執著於眼前的失去，不過度認同自己的情緒，只要當事者抱著想要痊癒的意圖……恢復健康快樂是遲早的事！

好在，寶劍六並不是獨自面對傷痛，再怎麼難受，都有不離不棄的夥伴扶持協助，一同度過難關。如牌面所示，行駛過的河面波濤洶湧，猶如昔日止不住的悲傷淚水，未來的河面平靜無波，就像療癒過後的喜悅和諧。寶劍六象徵的是一種低調療傷，漸入佳境的過程。悲傷只是一時的情緒，不是一種永恆的狀態。讓眼淚隨著流水傾瀉逝去，洗淨受傷的心，也清理出一個空間，讓喜悅重新進駐你的心。

我曾有一位失婚的個案，在離婚之後她曾以為這輩子不可能再擁有愛情，那一段失敗的婚姻回想起來只有痛苦難堪，除了對男人不再信任，她竟然產生一種自己不值得被愛的信念。然後她在工作中遇見一位喪偶的男性，兩人本來只是工作夥伴，偶爾得知彼此的過往，竟產生一種惺惺相惜的情感，受傷的兩個人彼此鼓勵、相互取暖，她的傷口慢慢痊癒，兩人自然而然就走在一起。關於這整個過程，她抽到了寶劍六。療傷之路向來困難漫長，如有戰友相伴同行，適時帶來支持的力量，一切都會容易許多。

寶劍六的日常覺察

1.在悲傷絕望時我不放棄希望，願意適時求助於他人，一起尋找解決的辦法？

2.我對自己過度苛責，以致於無法面對失敗的窘境，也壓抑內心真實的感受？

3.我不急著馬上從傷痛中恢復健康，我尊重自己的進度與過程？

寶劍六的正念心法

1.相信時間是最好的藥，我接受現在的情緒，也肯定未來一定會更好。

2.我認清自己的軟弱，也勇敢正視傷口，接受自己還需要一點時間才能痊癒，恢復平衡。

3.接受他人的協助不是軟弱，而是對自己誠實。勇敢承認自己需要幫助，也感謝他人的陪伴。

寶劍七

膨脹自信下的兵行險招，騙過自己才能騙過別人

牌義關鍵字

欺騙偷竊、不易成功

趁虛而入、自我膨脹

我一人隻身潛入敵軍陣營，趁他們酒酣耳熱之際，偷盜了五把寶劍。剩下兩把我已拿不動，只能留在原地。雖然手中沉重的寶劍可能隨時掉落，驚動敵軍，雖然留下來的寶劍可能會被追兵拿來攻擊我，但我仍沾沾自喜，洋洋得意。心裡些許隱憂被膨脹的自信掩蓋，讓我相信這是萬無一失的計畫。行動仍在進行中，我尚未遠離危機，只能硬著頭皮撐下去，期待趕快達成任務，鬆一口氣。

寶劍七是一張情緒很微妙的牌，也是寶劍數字牌裡面，少數沒有直接或間接受到挑戰和傷害的牌面。但這張牌顯示一種不安的氣氛，千鈞一髮的危急情勢。雖然主角表情看似洋洋得意，還帶有一絲僥倖，從旁人眼光來看，他正在做一件危險至極的事。試想一個隻身潛入敵營偷劍的小兵，成功的機率其實是微乎其微的。古代的寶劍非常沉重，要拿起一把都不輕鬆，他還一次偷了五把，顯然過度膨脹了自己的能力，一不小心摔著了發出聲響，就有可能被逮個正著。再者，留下來的那兩把劍為這次行動增添了更大的風險，一旦被發現，正好提供敵人反攻的武器。

看來這真是個險招啊！但寶劍七這名偷劍小兵想必也是沒有退路才出此奇招的。在塔羅牌裡面所有的數字七都和「精神內省」與「堅持不放棄」有關，寶劍七的主角雖然看似正在進行一個「不可能的任務」，如果他不相信自己，那絕對不可能成功。唯有硬著頭皮撐下去，甚至自我催眠「我可以」，才有可能扭轉劣勢，出奇制勝！

寶劍七也跟欺騙盜竊有關。所有的欺騙都源自於自我欺騙，要騙過別人，得先騙過自己，受騙之人大多也是因為盲目相信，抑或自我價值低落所致。所謂的「欺騙」有很多種層次，有些是如牌面這種「賭一把的拼搏」，這類欺騙的程度比較類似自我膨脹與詐敵之道。嚴重的可能就是關係上惡意的欺騙。不管是騙人還是被騙，都源自於對自己不誠實，導致看不清真相，因此無法真誠待人。

我有一個來諮詢婚姻問題的個案，她表示和先生前陣子發生一些不愉快，但現在已經沒事了，當她抽到寶劍七，我不禁懷疑她真的沒事了嗎？原來對方被她發現有出軌的行徑，但兩人最後決定繼續維持婚姻關係，不僅為了小孩著想，也給彼此再一次機會。言談中發現這位女士雖然嘴巴上說要原諒、放下，但從她的神情與措辭觀察，看起來還是很受傷的。我問她：「你心裡已經不介意了嗎？或只是說服自己不需要介意？」她承認，說原諒是硬撐的，感情的背叛就像一把刀刺進她的心，每天看到先生就會想起自己的不堪與對方的欺騙。先生背叛了她，而她背叛了自己的心。原諒不能勉強，而是在療傷之後自然而然發生。當我們願意對自己誠實，才能坦然接受關係的真實，建立互信的關係。

寶劍七的日常覺察

1.我是否過度膨脹自信，自欺欺人，以致於看不清真相，將自己置於危險之中？

2.眼前的任務是否遠超出我的能力範圍，但我仍不願面對現實，缺乏審慎評估就莽撞行動？

3.我是否忽略身邊某些顯而易見的徵兆，失去對危機的警覺，而遭受他人欺騙？

寶劍七的正念心法

1.即使看起來極難達成的任務，我都可以透過創意思考，用他人意想不到的方法出奇制勝。

2.在越艱難的險境中，越要保持彈性，相信自己，堅持下去就會成功。

3.我願意認清自己的能力與條件，也能用正確與中立的態度，合宜評估外在的事物。

寶劍八

傾聽內在的聲音，讓勇氣帶來行動的力量

牌義關鍵字

危機四伏、負面消息環伺

畫地自限、陷入無知、看不到未來

縱使心中千頭萬緒，想要做些什麼……現在的我完全無能為力。我隻身受困於泥濘僵局之中，雙眼被蒙蔽而看不清真相，雙手被綁住而喪失創造的力量，身旁危機環伺周遭，流言蜚語繚繞不去，我不知道未來在哪裡？我可以怎麼做？被綑綁的不僅有我的身體，我的想法也逐漸被恐懼禁錮，我看不見任何希望，也不相信自己有脫困的機會。

寶劍八的這個女人眼睛被白布條矇住，看不見環境的真實狀態，雙手也被捆綁，無法做些什麼，改變受困的情境。再加上身旁豎立著八支寶劍，風聲劃過，發出金屬震動的尖銳聲響，她一動也不敢動，只能站在原地，讓恐懼慢慢吞噬她的信心，讓不安完全佔據她的腦袋。這個女人正處在極度警戒的狀態，絲毫不敢大意，也無力脫離困境。

你是否曾處於寶劍八的泥沼中，感到惶恐不安，進退兩難呢？當力量被架空，無法積極作為，雙眼被蒙蔽，無法看見真相與未來，加上周遭不友善的言論如風一般無所不在……我們很容易就被無助的感受吞沒，而忽略了其他可能性。其實還有一線希望，就像牌面上的女人，她的雙腳是可以自由行走的，只要鼓起勇氣向前邁開步伐，就能順利脫困。城堡也在不遠處，如果大聲呼救，也許就能找來救兵……

但這個女人還深陷恐懼的桎梏之中。內心的不安與外在的威脅，讓她如履薄冰，戒慎恐懼。受困的狀況是真實的，但恐懼卻遠遠超越了實際的限制。這也是某種受害者情結使然，把過錯都推給外在環境，似乎就不用為自己的不幸負責任。當靜下心來，聆聽內在的聲音，你願意一直困在這裡嗎？相信自己擁有突破的力量嗎？如果你願意為自己挺身而出，勇敢行動，會發現出口就在不遠之處。

一位朋友已經踏入社會多年，始終無法和父母和平相處，所以他遠走他鄉，到外地工作。有天他接獲總公司通知，要將他轉調回家鄉，想到可能要回家和父母同住，不禁一陣心慌，於是來找我諮詢。在了解返鄉就職的狀況時，出現了寶劍八。可以想見，待在那個家讓他有多強烈的「受害感」。他告訴我，「返鄉就職」等於「回家住」，等於「作息受到控制」、「被管得死死的」、「交不到女朋友」、「遭受催婚的流彈攻擊」……聽到這裡我不禁莞爾，三十幾歲的成年人竟然像孩子般無所適從。我們從問題的根源談起，父母的個性很難改變，住在一起的確會產生很多衝突，他們深愛彼此，只是無法同住。我問他：「想想看，現在的你想要什麼樣的生活？可以為自己做什麼？」他提到「需要自我的空間」。搭配未來與建議的牌面，看起來他確實可以嘗試著突破看看。於是他勇敢向父母提出外宿的請求，父母竟然一口答應。過去他不曾嘗試改變，就像寶劍八的那名女子，誤以為一輩子將被家庭困住，沒想到跨出關鍵的一步，情勢明朗之後，竟是一片海闊天空。

寶劍八的日常覺察

1.我是否沉浸於受害的情境中無法自拔？我相信自己擁有扭轉現況的力量嗎？

2.當發現周遭充滿敵意，我是否願意將焦點拉回內心，看看自己對環境投射了哪種解讀？這是唯一的答案嗎？

3.如果看不到真實的樣貌，也無法期待外在的進展，我是否能專注於內心，好好檢視自己的信念是否中立客觀？

寶劍八的正念心法

1.儘管耳邊充斥著不友善的言論，我仍信任內在的召喚，願意傾聽心中的感受。

2.當我能誠實面對心裡的黑暗，我也能和世界建立友好的關係，客觀評估目前的處境。

3.綑綁我的往往不是外在的限制，而是我的內在信念。我相信自己擁有突破困境的力量，也擁有扭轉未來的勇氣。

寶劍九

瀕臨崩潰的精神壓力，焦慮破表夜不成眠

牌義關鍵字

逃避現實、無能為力
焦慮恐懼、噩夢難眠

在寂靜無聲的午夜，一陣恐懼猛然襲來，佔據了我的心。我頓時陷入焦慮，不知所措，龐大的壓力就快將我淹沒。黑夜吞噬了我最後一絲理智，面對這些無以名狀的恐慌，我已無能為力。我看不見它們真正的樣貌，不知道它們來自何方，腦海中不停上演各種最糟糕的畫面，我擔心得無法思考對策，害怕到無力抵抗，直到天光漸白，我才稍微鬆了一口氣。

寶劍九是一張噩夢牌。每個人多少有過失眠的經驗，翻來覆去就是睡不著，腦袋裡各種想法紛湧，即使短暫入睡也會做些奇奇怪怪的夢，最後徹夜未眠。白天的煩惱到了夜裡，往往就被恐懼豢養成可怕的怪獸。醒來之後仔細想想昨夜的恐懼，似乎變得微不足道，也不再那麼害怕了！

「看不見的最可怕！」不知你有沒有看恐怖片的經驗呢？驚嚇指數最高的時刻，往往是鬼魂尚未現身之前，也許只是一陣強風刮得門窗嘎嘎作響，或者一陣犬吠狼嗥，小鳥飛過……都可以讓人嚇出一身冷汗。這種「自己嚇自己」的時刻，透過每個人無限的想像力，都會讓恐懼放大加倍，甚至比你實際害怕的東西更嚇人。寶劍九描述的就是這種情景。

牌面上的寶劍並沒有實際刺傷這名主角，讓他失眠的不是任何具象的事物，而是他的想法，他對現實的解讀。當我們像這名男子一樣害怕得矇住眼睛，不願與恐懼面對面，此時我們就有可能因為錯誤的理解，把擔心害怕無限放大，最後壓垮自己。寶劍牌組帶來的智慧啟示，來自於我們對傷害的解讀。到寶劍數字九，面對事件的錯誤理解足以讓一個人精神崩潰，輾轉難眠。沒有誰真的傷害了他，而是想法造就了這樣的困境。

我有個朋友擁有非常聰明的腦袋，他充滿創意，總可以想出許多新奇點子，不過他也有過度思慮的困擾。通常一件事還沒有結果，他腦海裡已經浮現各種可能性，並且在心裡推演每種情境該如何因應。長久以來，他沒有辦法好好睡覺，甚至有精神衰弱的傾向。當他抽到寶劍九，我知道這些源源不絕的想法，已衍生過多不必要的憂慮，也對他的精神造成了極大的壓力。擔心的可能永遠都不會發生，那還需要煩惱那些最壞的情況嗎？朋友苦笑回應：「是啦！那些讓我焦慮的事情大多沒想像嚴重。」那麼，提早煩惱又可以防止事情發生嗎？還是隨遇而安，發生了再應變，也不至於太糟糕吧？改變習慣並非簡單的事，意識到問題，就試著去探索自己到底害怕的是什麼？是那個最壞的情況嗎？還是失去控制的不安全感？當你勇敢看見恐懼的真面目，也許就能拋開多餘的思慮，讓腦袋好好休息。

寶劍九的日常覺察

1.我是否過度思慮，將自己陷入頭腦建構的窠臼當中，而忽略面對現實的重要性？

2.讓我感到害怕的是真實發生的事物嗎？或者只是頭腦編造的幻象？

3.有什麼人事物對我造成實際上的傷害嗎？或者是我的想法讓自己感到受害？

寶劍九的正念心法

1.正視夢境的徵兆，傾聽內在的恐懼，潛意識的訊息正浮出水面，等待我好好審視面對。

2.與其被恐懼壓垮，被焦慮沖昏頭，我更傾向去正面對決，看清世事的真相。

3 .走出戶外，時常接近自然，試著光腳踩在土地上，可以幫助我和現實建立連結。

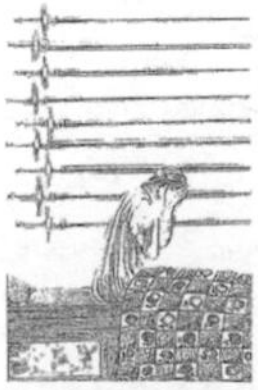

寶劍十

無力回天的劣勢，置之死地而後生

牌義關鍵字

死亡重生、重大轉變
極大痛苦、孤獨承擔

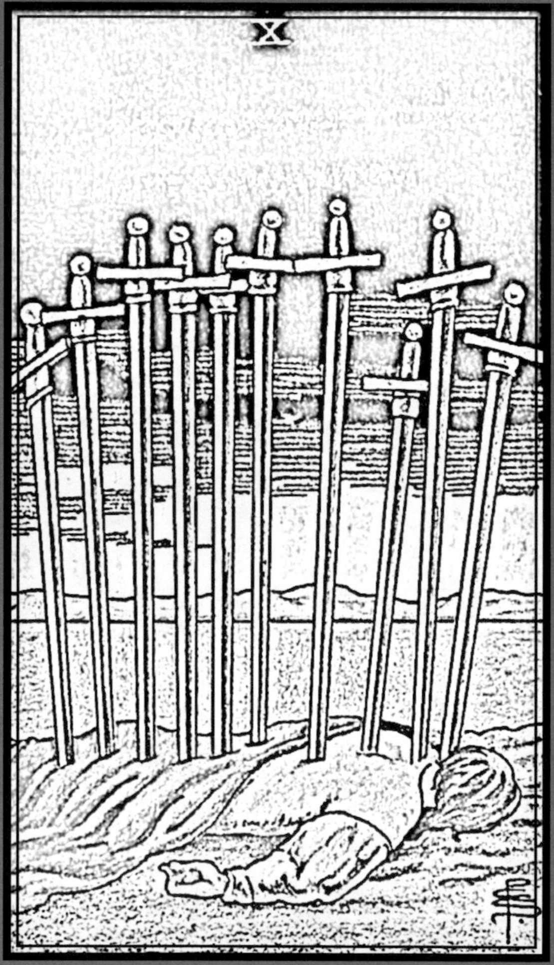

我身受重傷，深陷絕境而動彈不得。時間彷彿停止，陷入了永夜的黑暗，我隻身俯臥於乾冷的沙地，置身毫無人跡的荒野之中，連流水都變得遲滯靜謐，帶不走我的痛苦煎熬。此時，只有思想仍是不受限制，得以自由奔馳的。如若緊抓著傷痛不放，我便隨著絕望的念頭，墜落無底的深淵。但我選擇抽離並臣服，於是我看見不遠的彼岸，透露出朦朧曙光。

寶劍十的痛楚徹骨，無能為力，如同牌面所示，被十把寶劍從頸椎沿著脊柱穿刺至尾骨，整個人被活生生釘死在地面上，完全動彈不得，也無從反抗。重傷至此，即使醫學再發達，再如何挽救，仍是回天乏術！此時唯一可以做的，也是寶劍帶來的智慧，用「思想」與「信念」重新檢視挑戰，超越痛苦所帶來的限制和傷害。

寶劍十的傷害是實際上已然發生的，並不僅是思想導致的庸人自擾抑或自欺欺人而已。這是心理與身體的雙重打擊，不管試圖再做些什麼，如何奮力抵抗掙扎，都是無力回天的。生活中許多事情的發展，的確是人力無法改變的。無論如何使力，想要讓傷害平撫復原，希望結果有所轉圜改變，以上通通辦不到，也絕無可能。

既然無法改變現實的狀況，就只能從思想上去鬆綁，獲得解脫。在塔羅的教導中，再好的情況都不能無限上綱，再壞的處境也非無法翻身。就猶如人生有高峰，亦有低谷。寶劍十是低谷的深處，當最壞的過去，就可以預見黎明的曙光。如果緊緊抓著痛苦的感受不放，或執著於負面的信念，那這黑夜只會更加漫長難耐，每一秒都無法忍受。寶劍十教導我們「臣服的智慧」與「放下的藝術」，當思想可以抽離執著，掙脫表象，那最痛苦的就已經過去了！

寶劍十的牌面常讓不懂塔羅的人們感到恐懼，那畫面太觸目驚心，視線不自覺會聚焦在那十把寶劍上，而忽略遠景的黎明曙光。但是寶劍十對我而言，就像是每個階段結束前的片尾曲，也預告了新的未來，即將展開。會這麼樂觀進取，也是慢慢練習而來的。所有的數字十都帶來結束與轉變的契機。就像氣球吹到十分滿，就即將爆裂，重新開始。我曾經在孕期幾乎天天抽到寶劍十，當時因荷爾蒙的變化，內分泌失調、頭昏眼花、梅尼爾氏症、過度換氣……同時發作。我每天都覺得自己快要撐不下去，耳壓不平衡的感覺讓我彷彿活在水底世界，與真實隔著一層膜，好像永遠無法探出水面。於是我開始苦中作樂，那段時間我試著放掉「擺脫不適」的想法，學習與這些不舒服的感覺和平共處。當耳朵像是被塞住，我就幻想自己是活在海裡的鯨魚，聽到尖銳的高頻就像是接收到異次元的訊息，皮膚長滿青春痘，就自我安慰還年輕。當我不抵抗，日子就活得比較愜意，時間也過得比較快。好在懷孕中期，一切症狀逐漸好轉，我也順利脫離寶劍十的困境，得以重獲新生。

寶劍十的日常覺察

1.我是否不願接受事實，即便已經不能挽回，明知其不可仍為之？

2.即便深陷痛苦，我仍對未來抱有期望，並相信最壞的已經過去了？

3.面對不能改變的結果，我願意調整自己的態度去接納，而非強求執著，緊抓不放？

寶劍十的正念心法

1.我接受傷害已然發生，也容許痛苦離我而去，相信黑暗過後就能迎接黎明。

2.我相信舊的不去新的不來，放手之後，我將能擁抱嶄新的未來，迎接光明的美好。

3.即使身在痛苦的深淵，我仍能理解這是人生必然的過程，臣服接納之後，就能繼續向前行。

孕育生命的豐盛：物質世界的十種法則

錢幣牌組：土元素

我像是一棵大樹，雙足穩穩踏在濕潤的土地上，十根腳趾化為堅韌的樹根，深深扎進泥土，穿過岩盤，深入地心。千萬年後，歷經風吹日曬、天打雷劈，我默默倒下，逐漸崩散腐敗，化為春泥，融入土壤的一部分。我繼續滋養著地表上的生物，孕育出樹木、穀物、花草、地衣，生命循環輪迴，萬物生生不息。

塔羅牌中的土元素「錢幣」，是一枚由圓圈圍起的五角星。仔細看這個五角星，像是一個活生生的人，最上面的尖角是頭，加上左右手和下方的雙腳，如達文西名畫「維特魯威人」的姿態。也是火、土、風、水四元素，加上「人」這第五個元素合而為一的概念。錢幣，是一切的根本，也是一切的結果。我們以權杖（火）去開創行動，以聖杯（水）接納情緒之流，揮起寶劍（風）來破除挑戰帶來的傷害，最後，我們將以上化做養分，成就物質上的滿足與穩固（土）。

錢幣所象徵的土元素，是終點也是起點。如果我們在物質的世界裡無法生存，更遑論去開拓火元素的行動創造，水元素的人際互動交流，與提升風元素的心智能力了。再宏偉的大樹都必須穩穩扎根於土壤，吸取來自大地母親的養分，才能抵擋狂風暴雨，才能盡情向上開枝散葉，成長茁壯。

土元素可謂是所有元素裡面最「接地氣」的分類了。如果不談以上那些抽象的概念，這枚五角星最簡單的象徵就是貨幣，是為了交易而存在，方便我們進行買賣。金錢的原始價值就是為了讓我們透過勞力去換取報酬，再將所得拿去滿足生存需求，當能吃飽穿暖，養家活口之後，可以更進一步滿足感官，享受生活。所以塔羅的土元素除了是最具體的「錢財」，跟人的肉體、健康、感官、享樂息息相關，也代表一種務實的態度，孕育看得到、吃得到、摸得到、享受得到的「具體成果」。不管是權杖的行動開創，聖杯的情感理想，寶劍的危機挑戰，最終都涵融於錢幣這枚圓圈的範疇中，為我們帶來美好的生活品質，圓滿我們身心靈三方完整的需求，也奠定我們生而為人的物質根基。

當你時常抽到錢幣牌組……

最近是否特別腳踏實地，努力工作賺錢呢？工作之餘，是否也好好犒賞自己，享受物質生活呢？你是否傾聽身體的需求，以及他/她帶給你的訊息？錢幣牌組帶來務實的價值觀，以及和現實息息相關的課題。如果你最近經常抽到錢幣，代表你很重視物質層面的成效，也特別傾向實際地評估事物的價值。當展開行動、付出努力之前，你最在意的可能是投報率與性價比，要求一分耕耘，也要一分收穫。辛勤工作之餘，你同樣在乎物質享樂。

務實是寶貴的價值，但如果過度現實，就得留心觀察自己是否過度耽於享樂，而忽略精神層面的思考與靈性的提升？是否太實事求是而壓抑了情感的流動？過於現實考量而沒有適當回應內在的需求，忽視理想的追尋？如果你抽的牌有很大比例都是錢幣，就得適時提醒自己，重視實際效益之餘，也不忘觀照內心，在追逐利益之時是否還保有初衷？享受感官娛樂之時，是否同時記得滋養你的心靈？

錢幣一

將想法化為現實，開啟具體成果的新紀元

牌義關鍵字

未來的潛力、堅守道路
財務、享樂的新紀元、具體成果

我安適泰然地張開手，讓金錢能量在我掌心流動來去。我清楚明白，花費出去的那些，必然透過收入平衡回來。賺到多餘的財富，也不吝惜於付出，好好犒賞自己。我辛苦培育的花園，如今已繽紛多彩，百花齊放。我謹慎小心地澆灌呵護，施肥滋養，維持繁盛。我知道現在已到達另一個新的階段，距離目標又更近了一步。只要我繼續養育我的園地，踏著穩健的步伐，循序漸進……我可以預見自己登上夢想的高峰，品嚐成功的滋味。

四元素的數字一號牌都帶有嶄新開始的意涵，錢幣一也不例外。在偉特塔羅中偏陽性的元素（權杖和寶劍）都是長條棒狀的，陽性元素一號牌的牌面都顯示用手積極掌握住象徵物的圖像。偏向陰性元素（聖杯和錢幣）的一號牌，則是手心向上，捧著象徵物。錢幣如果象徵最表面的「金錢」，那就如同五角星的這枚圓形硬幣所示，是一種滾滾流動的能量。

金錢理應有進有出，有賺有花，如果只是緊緊把錢幣抓在手中，深怕錢財一不小心就滾走，試想會發生什麼事呢？我們很有可能變成金錢的奴隸，整天提心吊膽地守著這些錢，不僅什麼事都不能做，無法積極開創，無法開心花錢，更遑論享受人生了！張開手，讓金錢滾滾進來，也能自由地使用花費，這才是一種較為健康的金錢觀念。錢幣一即揭示了正面的價值觀，讓金錢在手上自由來去滾動，不執著於留住什麼，我們才有餘裕享受金錢所帶來的富足，才能體會花錢與賺錢的樂趣。

錢幣一帶有土元素的強烈特質，圖面上有個繁花盛開的園圃，很務實地用籬笆圍了起來，保護作物不受天災威脅。通過一座花草編織的綠色拱門，就可以看見心中的聖山，離夢想已不遠矣。如果我們心裡有些想法或計畫，在執行之前都只是空中閣樓，摸不著看不見。錢幣一代表落實的開始，那些虛無的幻想的，如今都已成了具體的成果，我們跨越了新的里程碑，離目標更近一步。除此之外，錢幣一同時也代表和享樂、賺錢、花錢相關的開始，你可以張開雙手，放心地去享受金錢帶給你的改變。

回想起「寫書」這個念頭已在我心中徘徊了好幾年，剛開始只是想要分享我在塔羅實務上的心得感想，或將教課內容集結成書，這些想法在我腦中盤旋不去，卻始終無法聚焦，成為一個強而有力的動機和主題。直到2019年初，從學生、個案的心得回饋中，我終於有種「啊，我知道該怎麼做」的靈感，各種徵兆推著我前進，好像這件事情刻不容緩，不能只停留在「想想而已」，得更積極去落實，讓心中的構想開花結果。於是我開始將多年的想法用具體文字表達出來，在我寫書的第一天，我就抽到這張錢幣一。

錢幣一的日常覺察

1.登高必自卑，行遠必自邇。千里之行，都必須始於足下。我願意扎根落地，積極落實？

2.我願意享受辛勞耕耘的成果，相信努力之後必有收穫，我也營造舒適的物質生活，不吝於滿足感官，寵愛身體？

3.我相信財務上的流動終將獲得平衡，我可以放心自在地運用金錢，享受生命？

錢幣一的正念心法

1.我已達成初步的具體成果，未來仍願意持續努力，踏實經營，穩健地邁向更遠大的目標。

2.我務實又具有遠見，深知物質富足是生存之必要，身體健康是追尋靈性成長的根本。

3.任何想法或計畫如果忽略落實的重要性，最終都只是虛無幻影。欲達成任何目標，都不能輕忽現實條件的累積。

錢幣二

幽默看待潮起潮落，面對無常收放自如

牌義關鍵字

衡量選擇、保持彈性

有進有出、波動起伏

帆船航行汪洋之中，時而風平浪靜，時而波濤洶湧。人生的際遇也是如此，風頭浪尖上謹慎掌舵、乘風破浪，平靜無波時韜光養晦、蓄勢待發。像一名街頭的雜耍藝人，無論天晴抑或颳風下雨，不管台下小貓兩三隻，或者受邀登台鳥巢小巨蛋，都不受周圍環境影響，保持心情幽默愉悅，才能在面對群眾之時表現開心自在，盡情揮灑才華技能。

人的一生不可能常處於低谷，也不會久居於高峰。如果執著於一時的起落，就容易在波動變化中，感到迷失茫然而無所適從。錢幣二要我們帶著雜耍藝人的輕鬆幽默看待生命的潮起潮落，如果能笑看際遇中的無常，就能隨順命運的流動，無入而不自得。

金錢的流動亦然。錢幣二的牌面上，繞著兩枚金幣的環，形成一個無限符號。這象徵了金錢是一種循環能量的概念，有進有出，有賺有賠。讓財富流動，就像潺潺行進的流水，有時錢潮湧入，帶來賺錢的機會，有時潮水退去，不免支出花費……不流動的金錢就像是一堆破銅爛鐵，最後什麼都進不來，勉強留住也用不著。

錢幣二的雜耍藝人眼睛盯著下方的錢幣，暗示著人們往往在意支出跟虧損的金錢，而忘了去把握湧進的財源。這是人之常情。我們就像是這名主角一般，時時刻刻，隨著金錢的進出流動而盡心竭力，手腳不停地運轉勞動。我們賺錢，同時我們也花錢。在這樣的循環中，你要用雜耍藝人的輕鬆幽默，去運用手上的金錢？還是要被金錢的波動牽著鼻子走？

我的先生是一位理財顧問，他不管在規畫客戶的資產分配時，或管理自己的財務投資，都抱持著嚴謹專業的態度。隨著金融環境越來越惡劣，他發現自己的情緒常常隨著獲利盈虧起起伏伏，所以有時會來找我諮詢。我發現他常常抽到這張牌，覺得相當有趣。因為認真的個性使然，讓他不容一絲偏差失誤，對於瞬息萬變的投資環境也缺乏彈性的包容和應對。錢幣二提醒他要更從容地看待投資標的的漲跌，隨著時勢變化的微幅波動乃是尋常，只要長期目標確立，並不用太在意這些合理範圍內的起伏。如果因此影響心情，反而容易懷疑自己，動搖信心。

錢幣二的日常覺察

1.我是否能幽默看待世事的波動變化，輕鬆接納金錢的循環流動？

2.在面對現實生活的兩難時，我能在彈性中保持平衡，不急著馬上做決定？

3.我相信金錢是一種流動的能量，我能游刃有餘地支配金錢，並且坦然面對得失？

錢幣二的正念心法

1.改變往往伴隨新的可能性，即使是危機也可能帶來轉機。

2.在面臨現實的選擇中，我能衡量輕重緩急，綽有餘裕地去判斷先後順序。

3.我願意保持平常心看待人生的波動起伏，也相信得失禍福是共生相依的循環。

錢幣三

專業分工的合作，朝共同目標穩健邁進

牌義關鍵字

穩固的基礎、計畫執行、長久保值
專業分工、協力合作

在這個團隊裡，每個人都有自己的位置。有人出錢，有人出力，有人出創意點子，每個人都有不可取代的價值，也都各司其職，盡一己之力。我們擁有共同的目標，那是一個長久的計畫，遠大的夢想，過程絕不能偷工減料、投機取巧。萬丈高樓也要從平地蓋起，才能永保堅固耐用。雄偉參天的建築更需要穩定基礎結構，目前才剛開始有些初步的雛形，尚且看不出完工成果。但我們深具信心，只要扎實建構，將一步步讓共同理想邁向真實。

錢幣三裡面有三個人，三種職業，分別是打造教堂的工匠（或建築師）、繪圖的設計師，跟出錢貢獻想法的神職人員。錢幣是權杖（火）、聖杯（水）和寶劍（風）的結晶跟成果，在這張牌面上展現無遺。工匠是實際建造房子的人，提供火元素的勞力創造；神職人員提供夢想的形貌，帶來水元素的想像力；設計師則擘畫建築藍圖，貢獻風元素的思考力與創意。這棟即將完工的建築，就像是從土裡長出來的作物，也是三人齊心協力創造的成品。

錢幣三的分工沒有地位高低之別，每個人都很重要，缺一不可。每一個成員都擁有一技之長，也盡其所能為團隊奉獻出力。而這個共同的目標需要長期經營運作，無法在短期內看出成果功效。也因為如此，更需要穩健扎根，循序漸進地建構打造，最後的成果才能堅固得難以動搖。就像一棟結構健全的高樓，是經得起地震風災的，因為這樣的穩定性，房地產的價值往往更甚於其他投資標的。

由於錢幣三創造的是一種永久性的價值，因此在創造的過程中，不僅需要專業分工，更需要長遠的計畫、卓越的洞見和視野。如果只著眼小處，那就侷限了夢想的廣度。錢幣三帶來可以期待的榮景，但一切得來不易，要靠團隊共同努力，每個人都要發揮專業，好好協調溝通，如此就能一起共享成功榮耀。

曾經遇過一個案例，當事者已婚有孩子，想要存錢買房子。在他的小家庭裡，太太是全職媽媽，小孩還在讀幼稚園，只有他一人扛起經濟的壓力，這讓他有種潛在的擔憂，不知可否在預計的時程達成買屋的目標？當他抽到這張牌，就十分符合主題。錢幣三顯示，在這個小家庭裡，每個人都有其各自的角色，而且都是不可或缺的。當他以為只有自己在承擔重任的同時，其實忽視了太太攬下所有家務，安定所有人的情緒，撐起家庭的核心；孩子帶來歡樂，舒緩父母的辛勞，因此再忙都不覺得累。在這個分工的穩固基礎之下，三人將一同落實計畫，邁向理想，一點都不需要擔心。

錢幣三的日常覺察

1.我是否願意相信專業分工，相信合作的力量遠大過自己單打獨鬥？

2.我願意尊重專業，也肯定他人的努力和付出，是團隊工作中不可或缺的一環？

3.我願意不斷磨練精進，不管在技術或觀念層面，都能得到他人敬重，也能在團隊中發揮效用？

錢幣三的正念心法

1.對於不擅長的領域，我願意交給專業，同時奉獻自己的力量，讓團隊一起共享榮耀。

2.我相信合作是一種化學作用，不僅可以激發創意的火花，團結的力量將會更堅韌不摧，穩固強健。

3.我相信萬丈高樓平地起，所有偉大的夢想都要從根本做起，任何細節都要專業對待。

錢幣四

緊緊抓牢不願放手，謹慎守成絕不改變

牌義關鍵字

控制欲強、累積財富

重錢守財、物質至上

把擁有的一切緊緊抱在懷裡，擔心失去的那些踩在腳下，將崇拜信仰的頂在頭上。我默默坐擁長年累積下來的財富地位，看著背後龐大穩固的房地產，我感到欣慰與滿足。我絕不冒險躁進，也不願與誰分享，什麼都無法撼動我的堅定，誰也奪不走我珍視的寶物。我兢兢業業，緊緊抓牢，絲毫不敢鬆懈，完全不願放手，如此我才能心安理得地享有一切，維持這堅若磐石的現有基礎。

錢幣四是一個守財重錢的人。他的頭上頂著錢幣，代表他信仰金錢、崇拜金錢的價值觀；雙手懷抱的錢幣，是為了保護他緊緊抓著不願意分享的私心；腳下踩的兩枚錢幣，則顯示了他的控制欲，用腳狠狠踩住，財富即使長腳也跑不掉了！

錢幣四是務實的，當財富逐漸累積，他的內心也趨於安穩踏實。他們不會從事高風險的投資，或者為了遙不可及的夢想而孤注一擲。他們也相信「有土斯有財」，看得到、抓得牢的那些，才能讓他們感到安心。所以錢幣四背景中的樓房，就像他們的投資理財觀念，虛擬的股票基金期貨都不見得牢靠，鋼筋水泥建構的房地產才是最穩妥的。

錢幣四也常常被稱作「守財奴牌」。緊緊抓著錢似乎是最安全的做法，但如果財富無法流動，每日提心吊膽地控制金錢流向，似乎也無法真正放鬆，享受金錢帶來的富裕，獨自坐擁金山銀山，無人可以分享，心中不免孤單寂寞。所以錢幣四到底是金錢的主人，還是淪為金錢的奴隸？這值得好好想一想！在人際關係裡，也有很多人展現錢幣四的控制欲，情感跟金錢都是流動的能量，當我們因為沒有安全感，而緊抓著關係（或金錢）不願放手，當能量不再流動而固著僵化……最後我們到底能夠抓住什麼，又真實擁有什麼？

通常抽到錢幣四，當下的狀態都較傾向保守謹慎，不願改變的想法。不過如果你想要了解財運，抽到這張牌就大可放心，代表你的財務狀態良好，並且穩健累積成長，不會有意外的支出損失。曾有一位個案想求職來找我諮詢，她抽到了這張牌，結果最後找到一個類似公家機關，雖然領固定薪水（還有保障年終獎金），可以穩妥做到退休的工作。因為她的理想就是存錢買個自己的小套房，看來這個工作的確可以協助她累積財富。還有另一位個案來諮詢她和母親的關係，牌陣中代表母親的位置也一樣抽到這張牌。原來，這位個案的母親很沒有安全感，從小到大對她的生活全面控制，幾點做什麼事，交了什麼朋友，選擇什麼學校科系，都得經過媽媽的安排。她出社會後，媽媽擔心她交了壞朋友，嚴格控管門禁，每個男朋友都要經過媽媽的審核評鑑，甚至連約會都要帶著媽媽一起去。她說：「這四十年來，我都沒有呼吸過自由的空氣，簡直快要窒息了！」的確，錢幣四在關係上的不安全感，時常帶來壓迫性的控制，不管對於錢財或關係，放手才能擁抱更多！

錢幣四的日常覺察

1.我對事對人的掌握控制，是否因為缺乏安全感，或來自於害怕失去的內在恐懼？

2.我相信所有努力的成果都是無形的資產，沒有人奪得走，也不需極力保護？

3.即使看不到、摸不著，我仍信任自己值得擁有美好，宇宙會給我所需要的？

錢幣四的正念心法

1.我相信該是我的全都跑不掉，慷慨給出去的，最終還是會回報於我身上。

2.我珍惜所有，也積極開創，如果能敞開心胸去感受和給予，我將比現在擁有的更多。

3.我信任物質世界的法則和秩序，適時地放手是安全的，讓能量流動也讓我的身心更健康平衡。

錢幣五

飢寒交迫中雪地步行，掙扎困頓的患難夥伴

牌義關鍵字

失能無助、削權受苦

財務貧困、物質匱乏

淒冷孤苦的黑夜裡，兩個乞丐辛苦步行於大雪之中。他們穿著單薄，難以抵抗嚴寒的氣候，其中一人還受了傷，跛著腳且不良於行。他們路過富麗堂皇的教堂窗邊，繽紛多彩的馬賽克玻璃透出溫暖燭光。但這兩人對這座心靈庇護所視而不見，或者不得其門而入。他們繼續走在嚴寒的雪地中，飢寒交迫，痛苦難耐。他們只剩下彼此，卻無力為自己與對方做任何事，只能不斷向前行，等待大雪過去。

錢幣五是錢幣數字牌裡面，唯一得不到錢幣的牌面。這五枚錢幣鑲嵌在教堂華美的窗戶上，更突顯這兩位乞丐的窘迫困苦。寒冬中徒步行走於雪地裡，已是很不易的一件事，更悲慘的是他們衣不蔽體，還受傷跛腳，這讓他們的旅途變得更加艱難了！好手好腳的人尚且還能為自己做些什麼，如果身體機能受損，連想要努力都無計可施。

錢幣五顯示一種力量被架空，權力被削弱的困境。外在環境的惡劣更是雪上加霜。在工作上，可能是一份薪水不多又剝削勞力的差事，即使想要好好表現，也沒有機會和舞台。在感情上則是一段吃苦的關係，也許是財務的匱乏，以致於相互拖累，或者想改善關係的品質卻無能為力。總之，錢幣五的貧窮跟受苦，除了是物質上的貧苦，也是心靈上貧苦，和別人比較之下（教堂上的錢幣）更顯自己倒楣透頂，可憐兮兮。

所有的數字五都帶來改變，錢幣五亦然。如果這兩名乞丐願意走入教堂尋求協助，獲得心靈上的提升與滿足，也許就能擺脫這種可憐受害的角色。如果他們堅持靠意志力撐下去，終於熬過了寒冬大雪，他們可能就蛻變重生，擁有更強大的免疫力。再艱困的環境，再無能為力，個人心態還是最重要的。如果只看著別人的好，只顧著自怨自艾、唉聲嘆氣，那要如何突破困境，衝出重圍？

在某段職涯中，我常常抽到錢幣五。當時我在一間小公司上班，薪資微薄不說，法律保障的員工福利也全部都沒有。期間發生了金融海嘯，老闆決定集體減薪，甚至還非法解僱了某些同仁。在那種艱苦的情況下，即使有心想要改變，也受限於各種環境壓迫而無力為自己挺身而出，想換工作也因為景氣惡劣而沒有其他機會。好在患難中見真情，同事間彼此鼓勵相互扶持，最後一起撐了過去，度過這段苦不堪言的日子。

錢幣五的日常覺察

1.在財務困窘、能力削弱之際，除了困頓掙扎之外，我是否忽略了其他機會，突破眼前的盲點？

2.在受苦受難之時不怨天尤人，我仍保持信心與希望，相信寒冬一定會過去？

3.我是否願意為自己的失敗負責？願意在一成不變的苦難中試圖解套和改變？

錢幣五的正念心法

1.當物質匱乏到了極限，身體受苦到了臨界，我開始思考心靈上的轉念與提升。

2.內在的思想創造我們身處的實相。我願意在起心動念間，顯化友善的外在環境，為自己的處境負起責任。

3 .不管環境多麼艱困，即使能力無法施展，只要我願意咬牙苦撐，終會度過嚴寒冬雪，迎來暖暖春日。

錢幣六

施與受的藝術，地位不平等的平衡關係

牌義關鍵字

衡量計算、慈悲分享

慷慨回饋、地位不平等

當我生活富裕、行有餘力之時，開始回顧過往的自己，曾經在困頓中需要他人伸出援手，在無助中渴求些許溫暖支持。感謝今日擁有的一切，讓我有能力回饋分享，幫助有需要的人。我也並非散盡家財、不惜成本地付出，所有支出都在我的盤算之內，我仍維持現有的財富優勢，不會超出能力範圍，也不會讓接受的那一方因太多而貪婪，因太少而匱乏。我錙銖必較，不是因為吝嗇，而是為了平衡。

錢幣六的富人和聖杯九那位穿著同樣的衣服。如果是同一人，他從聖杯九的封閉心靈、不願分享，到錢幣六的慷慨回饋、樂善好施，心境上有了很大的轉變。錢幣六的富人的右手在佈施之時，左手還同時拿著天秤衡量輕重，計算著給多給少，才會達到平衡？

此時的平衡可能有兩種狀態，第一，是富人口袋的平衡，即使是行善，如果過度付出，破壞了自身財務的平衡，那也並非長久之計；第二，是富人與窮人之間關係的平衡，這兩者的身份地位肯定不平等，但要維持和諧，施予多寡是門不容易的藝術。如果給多了，窮人可能就好吃懶做，不努力爭取工作機會，甚至起了貪念，想要更多。一旦給少了，無法真正幫助到他們，也失去了行善的意義。

對窮人而言，雖然必須卑躬屈膝地跪在富人腳下，但他們並不因此感到羞愧低下，這是生存之必要，得先吃飽了再求尊嚴。對於許多在公司企業下謀生的基層員工來說，主從的高低位階是職場生態之必然，也是無法打破的鴻溝與規則。他們願意安於這個角色，因為辛勤的努力終將得到該有的報酬。資方必須衡量給出去的薪水酬勞，也必須支配底下的部屬，因為他們要承擔企業決策的成敗，而員工只需要完成個人所負責的職務就好了。扮演好各自的角色，縱然地位懸殊，仍能達到和諧與平衡。

我有一位學生，曾在課堂的演練中抽到這張牌。有趣的是，當時她的占卜主題是和先生的關係。因為這位學生沒有外出工作，是個家庭主婦。她的生活花費全仰賴先生，常常有種「看人臉色」的卑微感。想學塔羅牌，要先問過先生，想買個名牌包，也要拜託先生。其實她的另一半並不吝嗇，甚至可以說是慷慨的，只要我這位學生不鋪張浪費，偶爾有些奢侈的花費，他通常還是願意買單。但是負擔家計的人，不免還是會精打細算。所以囉！如果要維持這段關係的平衡，接受的一方勢必要放低身段，不要太強求對等的地位。

錢幣六的日常覺察

1.成功之時仍不忘回饋分享，並且保持謙卑，注意自己的行為是否恰當合宜？

2.給予之時仍記得衡量自身能力，避免過度付出或錙銖算計而失了分寸？

3.如需接受餽贈幫助，我仍願意保持心態的平衡，取我所需，同時貢獻我所能？

錢幣六的正念心法

1.無論再豐盛富裕，仍保持謙卑自省，當有能力幫助他人，有餘力回饋社會之時，我將獲得更多喜悅。

2.在地位不平等的關係中，仍認清自己的角色，保持心情的愉悅和諧，維持施與受的平衡。

3 .我樂於付出，也勇於接受。在互動的關係裡，我清楚自己的位置，也安於當下的狀態。

錢幣七

在既有基礎之下，思考改變的契機

牌義關鍵字

思索出路、啟發新創意
獲得初步成果、收成交易

過去的辛勤耕作，勞心勞力，如今已結實纍纍，等待收成。我終於可以停下來喘口氣，雖然成果豐碩，但我仍不滿於現況，相信還能更上一層樓。我站在事業的轉折點，希冀在既有基礎與成就之下，能開拓一片新的疆域。或許是多角化經營，或者是微轉型等創新的行銷策略，都是為了讓自己精益求精，產業升級。

錢幣七的主角是位農人，他並非沒有經驗的菜鳥，過去的努力已經打下基礎，略有成果，他不必再兢兢業業，也不需日以繼夜地勞碌工作。如今，作物已茁壯穩健，果實已豐碩熟成，這片辛勤開拓的園地不用再緊緊盯著，可以自然而然地蓬勃成長。農人終於鬆一口氣，可以放下心中的石頭，好好思考接下來該怎麼做。

錢幣七的成就只是現階段的成功，並非最終的目的地。因此當事人還會想要向上提升，也開始思考其他的可能性。就像許多傳統產業，可能本來專賣海鹽，後來卻開始研發生物科技，經營起保養品事業。賣水泥的開始發展觀光生態園區，賣肥料的研發海洋深層水……這種企業的轉型，或者多角化經營，都是在舊有路徑走到極限，無法突破之際，透過創意思考，進行改變更新，在原有的產值之下，創造第二波成長。

也許有些人在擁有錢幣七的成就之後就決定止步，安然守著現有成果就夠了。但錢幣七這位主角雖然還在思索，內心的熱情已蠢蠢欲動，不會只安於現況。在穩固中暫且停工一陣子，並不是因為倦勤疲憊，而是為了醞釀新計畫的誕生。錢幣七在盯著既有成就之時，心裡不斷自問：「我還能怎麼做？接下來該如何規畫？」他們的未來還是個未知，但絕對蘊藏著無限可能！

當錢幣七來到你的生命中，代表你已經擁有一些豐碩的成果，並且開始思索下個階段，該如何揮灑創意，再造另一座巔峰？我有一位企業家朋友，家裡原本經營房地產生意，在各地評估房地產投資的時候，他發現了老屋再造的商機，於是將古蹟改造成時下最流行的文旅，為了拓展旅店的知名度，他又涉足了社群網站行銷與大數據分析，成功締造文旅神話之後，開始協助其他業者、甚至非旅遊業的網紅，快速累積粉絲與瀏覽人次，成為了炙手可熱的網路行銷操盤手。看著他的事業不斷在既有基礎上轉型、再轉型、再提升，讓我不禁聯想到錢幣七的精神，許多企業的多角化經營，都是從抓住靈感，在既有基礎上的創意執行，開啟了新頁。

錢幣七的日常覺察

1.與其天馬行空地幻想，不如在基礎穩定之後，再務實地計畫未來？

2.我擁有更遠大的理想，不甘於在現階段止步，在穩定中安逸而不求進步？

3.當面臨重大的轉折時，我願意停下來好好思索，而不急著行動與決定？

錢幣七的正念心法

1.我持續思索進步的可能性，創意是我獨一無二的軟實力！

2.我總是看得比現在更遠，即使已經小有成就，我仍期待飛得更高。

3.在穩定安逸之下，我仍記得跳脫過往，用更寬闊的眼界去規畫未來。

錢幣八

近乎苛求的鍛鍊，追求精準的完美

牌義關鍵字

一分耕耘，一分收穫
專注雕琢、精益求精

全然專注眼前的事物，我別無他想，絕無二心，只想努力琢磨技術，鑽研專業，讓自己幾近完美。我享受在孤獨中鍛鍊自己，對專業技能近乎苛求的過程。一次次地反覆的練習，就像精密的電腦那樣，不容許任何犯錯，我將自己訓練成達人專家，享受一切成果榮耀。最後，我奉獻技術專業，服務社會人群，所有的辛勞都會有收穫，我相信只要埋頭苦幹，辛勤付出，終將有所回報。

錢幣八講求的是一種「職人精神」。我們常常看到電視上許多優秀的職人，都是歷經挫折風霜，千錘百鍊之下，才造就如今的專業與權威地位。當大部分人凡事只求「過關」，或者「差不多就好」，擁有錢幣八精神的專業職人卻不會因此滿足。他們總是追求完美，將一件簡單的事情反覆做到熟練，無可挑剔。或者，在他人從未成功的領域，一次次在挫敗中嘗試，淬煉出無人能敵的精湛技能。

反覆雕琢的過程是無聊且折磨的，但錢幣八不怕辛勞。他們專注在專業領域中，眼裡沒有其他的事。他們甚至會犧牲家庭，放棄愛情，或者沒有任何休閒生活，一心只有把手上的這件事做好，讓所有細節臻於完美。他們的成功絕非一蹴可幾，也不是僥倖偶然，他們的座右銘是「一分耕耘，一分收穫」。

當然也有許多人努力在不對的地方，最後白費工夫，錢幣八才不會這樣！他們很明白自己在做什麼，也清楚知道通往成功的路上沒有其他旁門左道，就是努力努力再努力。他們追求的是一種踏實的安全感。閉門苦練的過程雖然孤單難熬，但他們總是咬著牙，度過一次次的難關與考驗，最後，他們的專業將造福人群，回饋社會，也會獲得世人的肯定與愛戴。他們的榮耀都是血汗換來的，一切辛苦都不會白費。

錢幣八是我的好朋友。在許多工作的占卜，或每天的塔羅日記裡，這張牌出現的頻率比其他牌都高出許多。有一次，我想在女性健身房分享一副跟內在陰性力量有關的牌卡，但是我對這副牌卡不如塔羅熟悉，當我抽到這張牌，我知道除了苦練，別無他法。於是我花了好長一段時間研究每張牌背後的意義，用盲抽的方式，隨機組合各種牌陣，對著空氣解釋牌義，最後練到可以幾乎不需要思考，就能滔滔不絕、侃侃而談。最後那一系列活動非常成功，也完全沒有我擔心「解釋不出來」的窘境。錢幣八一次次教會我，想要得到榮耀，就要下苦工，只要持續鍛鍊自己，所有練習都會成為我的力量。

錢幣八的日常覺察

1.我是否過度專注工作，而忽略其他也很重要的事？

2.我是否對自己過於嚴苛，忘了偶爾停下來好好休息？

3.如果太專注細節，是否會流於鑽牛角尖，苛刻挑剔，甚至見樹不見林？

錢幣八的正念心法

1.持續努力是邁向成功的不二法門。

2.我相信所有付出與努力，將值得一切美好的回報。

3.專心琢磨細節之餘，我也敞開心胸接納其他可能性，包容不同的選擇。

錢幣九

自律謹慎的耕耘，享受優渥富足的人生

牌義關鍵字

富裕成就、保持謹慎
自律獨立、悠閒自得

像一隻勤勉的蝸牛，我一步步往上爬。過程中嚐盡千辛萬苦，為此犧牲了愛情、親情、友誼……還有年輕時嚮往的那些奢侈享受。我不管他人怎麼樣，只是專注地朝著目標，自律沉著向前進。當我終於行有餘力，能停下來喘口氣，發現自己早已坐擁一座豐沃的莊園，過去的辛勤耕耘，帶來結實纍纍的收穫。環顧身畔空無一人，我想起過去的夢想，還有錯過的那些……慢下來的餘裕時光，我將美好生活的想像付諸實現。離成功仍有一步之遙，我還不能放鬆懈怠。

掌握錢幣一所帶來的契機，開啟了新紀元，到錢幣九坐擁優渥舒適的生活，過程所需耗費的付出努力並不容易。所有成功背後必有所犧牲，可能要放棄生活品質、物質享受、自由自在，甚至必須割捨某些以往珍視的關係。錢幣九牌面中的女人，猶如現代許多事業有成的單身熟女，她們打從年輕時全心投入工作，好不容易終於擁有自己的事業版圖，也稍微能夠放鬆，開始享受生命之際，驀然回首，卻發現身旁沒有其他人，只有豐沃的物質環境與之相伴。

這聽起來有點可惜，卻也是一種人生選擇。我們通常只會去羨慕他人的豐收富裕，卻不知曉背後所付出的犧牲奉獻。錢幣九的高處不勝寒，大概只有當事人能夠明瞭。成功的必要條件之一，就是必須忍受孤獨，同時也要享受孤獨，如果耐不住寂寞，中途放棄，那就無法走到今日的成就地位。

錢幣九可不會輕言放棄，即便坐擁人人稱羨的人生，他們也不會因此鬆懈。他們一如往昔地自律勤奮，在悠閒自在的生活中仍保有一絲警戒，優雅自得也沉著冷靜。他們享受一個人的日子，同時繼續謹慎地計畫將來。物質生活的餘裕，讓他們更重視品味與質感，這也許是對過往遺憾的補償，也是對自己的寵愛與滋養。

我有許多熟女個案每次來問感情，就抽到錢幣九。她們通常已經分期貸款買了一套房子，三房兩廳兩衛浴，卻只有自己一個人住。她們的工作已經非常穩定了，輕輕鬆鬆就能做到退休，下班之後和朋友聚會，嚐盡各地美食，旅行足跡遍佈全球，也不吝惜滋養自己，學習塔羅牌、手作烘培、參加讀書會……她們太懂得享受，也很獨立自主，安排充實的生活，生命中什麼都有了，就是身邊少了愛人。因為個性謹慎保守，她們很難跨出舒適區，去冒險開創，所以她們常抽到的建議牌是權杖一或是權杖侍者，回歸孩子般的好奇與熱情，往往也會為她們的愛情生活注入新的可能性。

錢幣九的日常覺察

1.在人前風光、物質滿足的背後，我也可以享受一個人的孤獨？

2.追求理想的過程必須有所犧牲，我接受自己的選擇，相信命運自有安排？

3.我可以和自己好好相處，同時也能妥善安排生活，讓生命更加充實美好？

錢幣九的正念心法

1.我享受物質生活的富裕，同時也追求心靈的滿足與豐盛。

2.默默耕耘，堅持理想，我欣然接受成功背後需付出的代價。

3.雖然在工作上已駕輕就熟、游刃有餘，我仍保持小心謹慎的態度。

錢幣十

物質富裕的最佳典範，集體利益的運作模式

牌義關鍵字

團體的利益、資源分配得當

缺乏情感、各司其職、集體的富裕

在這個富裕的家庭裡，人人光鮮亮麗，錦衣玉食。拱柱上懸掛著彰顯高貴身份的家徽，小狗圍繞在祖父膝前玩耍；夫妻的日常互動中，眼神裡沒有彼此；孤單的孩子跟在母親身後，無人理睬……在這雕梁畫棟的華麗建築裡，每個人都公式化地扮演自己的身份，穩定豐沃的物質生活中，唇齒相依的關係裡，誰都看不見誰的心。

錢幣十展現的是物質世界的成功範例，富裕的大宅門，還有集團式的家族企業。就如圖面所示，家中權力地位最高的祖父，一身華服的他，安逸地坐在門口和寵物小狗玩。除了顯示他雖老朽卻仍是家族的「門面擔當」，或許已進入半退休狀態但仍握有大權，不過我們可以發現，他和晚輩並無任何互動。中景的男女主人看似頻繁的日常互動，卻無眼神的交會，只是虛應故事罷了！躲在母親身後的男孩更是無人關照，連小狗都不跟他玩，他望向遠處，人在牌面中，心卻不知道飛到哪兒去了！

錢幣十是富裕的極大化，也是現代所稱的「豪門」。裡面的每個成員都是家族企業裡不可或缺的一個齒輪，彼此相互依存，為的就是讓家族這部大型機器得以運作，集體共享豐碩的利益。他們的財富已穩定到不可動搖的程度，大家只是公式化地扮演好自己的角色，卻缺乏了一點情感的互動，熱力的推動，也少了些危機意識。

要支持集體富裕的穩定，必須有所取捨，也要為此付出代價。你可能要犧牲個人的夢想，為了團體利益而勉強維繫岌岌可危的感情，或者為了共同目標而忽視個人的感受……人人稱羨的物質生活，背後也許是交錯複雜的利益糾葛、企業家族聯姻，甚至還有許多不為人知的辛酸。也有可能是一份薪水很高的工作，或在大型企業任職，但同事間並無實質情感交流，大家只是按表操課，把自己該做的事情完成。無論如何，這都是一張在物質世界裡代表輝煌成功的牌，只是背後的付出和犧牲，不如表面光鮮亮麗，箇中滋味亦不足為外人道。

我有位學生，總是為工作所苦，以此為主題占卜時，每次都出現錢幣十。當她一翻開這張牌，總不免引起身旁一陣驚呼：「哇！好好喔！真羨慕……」但她本人總是眉頭深鎖，一副煩惱憂思的模樣。原來，她的工作是專案制，薪水很不錯，加上獎金更是不得了。只是同事之間爾虞我詐，為了利益枉顧情誼，也缺乏彼此體諒的心，更不用說去互相幫助了。這種冷漠的人際互動，讓她感到難以忍受。的確，如果你要的是財富，錢幣十可以帶給你滿意的結果，但如果你心中有夢，或者更注重真誠的人際關係，那錢幣十的情境中恐怕會讓你失望了！

錢幣十的日常覺察

1.我願為了團體利益犧牲個人感受，在工作崗位上盡心盡力，發揮一己之長？

2.物質成功之餘，我是否對生命失去熱情？因為缺乏挑戰而感到無趣？

3.我願意接受成功背後必須有所取捨，萬人之上必須有所犧牲，榮耀之下也要付出代價？

錢幣十的正念心法

1.我把集體利益放在第一順位，私人的感受或情緒則視為次要。

2.我努力付出，也盡情享受成果。相信所有辛勞都不會白費，成功只是遲早的事。

3.我願在自己的位置上盡心盡力，奉獻付出，不計個人榮辱，只為團體最高福祉。

16種性格描繪：侍者到國王之路

宮廷牌是78張塔羅牌裡面，代表人物的16張牌。每種元素有四個角色，分別是侍者、騎士、王后、國王。侍者通常經驗不足，擁有孩童的天真單純。騎士是行動力十足實踐者，像是血氣方剛的年輕人，劍及履及，說到做到。王后則擁有成熟的陰性特質，願意照顧包容他人，性情穩定而溫和。國王具備成熟的陽性特質，經驗豐富，個性穩重，謀定而後動。

以元素分類來看，權杖宮廷牌像是火象星座的人（牡羊、獅子、射手），熱情富有行動力，為了追求理想積極創造。聖杯宮廷牌像是水象星座的人（巨蟹、天蠍、雙魚），情感豐沛具有想像力，覺知敏銳重感情。寶劍宮廷牌像是風象星座的人（天秤、水瓶、雙子），思維邏輯與表達能力強，喜歡搜集資訊又樂於分享。錢幣宮廷牌像是土象星座的人（摩羯、金牛、處女），穩重務實，一步一腳印，評估效益再行動。並非只有該分類星座的人會抽到對應的宮廷牌，每個人在不同的情境下，都可能呈現這16種人物特質。也不一定小孩就抽到侍者，青少年抽到騎士，成熟女性抽到王后，成熟男性抽到國王。在我的經驗裡面，親子關係的占卜中時常出現父母是侍者或騎士，孩子反而是王后或國王的狀態。在愛情占卜裡也會看見代表男性的位置抽到王后，女性則是國王或騎士。宮廷人物的出現，代表在該占卜主題中，此人呈現出來的人格特質，所以人物角色跟實際生理性別無關，和實際年紀或星座也未必相關。反而取決於當事者在占卜主題裡，扮演著什麼樣的角色？

當我們做個人每日運勢占卜時，抽到的宮廷牌有幾種可能。**第一種，代表自己**。也就是你當天呈現這個宮廷人物的個性特質，你可能擁有他/她的心境、處境，或者你運用他/她的行動策略。**第二種，代表他人**。這個人可能是今天對你影響深遠的人，也許是你身邊的家人、朋友、同事，或者讓你印象最為深刻的一個人，他/她的表現帶給你某位宮廷人物的形象。**第三種，代表事件**。這時候宮廷牌就不代表特定的人，而是這位宮廷人物的性格面。例如權杖侍者帶來關於行動與開創的訊息，寶劍騎士帶來互相傷害的口角衝突，錢幣王后讓我們接近大自然。但第三種代表事件的機率通常比較低，也比較難理解，需要彈性的運用，加上創意的思考。如果實在想不到宮廷牌代表什麼人，可能就是提醒我們可以採取這位宮廷人物的行動，或帶著他/她的性格去面對目前的處境。

當你時常抽到宮廷人物……

如果在塔羅日記裡抽到宮廷牌，可以透過上述幾種方式，觀察這張宮廷牌描繪的是自己、他人或事件。有一陣子我很常抽到宮廷牌，全是代表他人。那段時期我陷入自我認同的迷失，看不清未來的方向，迷惘如我見到每個人都徵詢他們的意見，期待有人可以告訴我標準答案。所以我的塔羅日記就是不同的人來串場，他們的意見都能左右我的決定。

課堂上有位學員也很常抽到宮廷牌，後來才知道她從事媒體公關業，每天接觸各式各樣的人。這些人是她生活的重心，也對她的工作產生關鍵影響。還有另一名學員的狀況又完全不同，她也很常抽到的宮廷牌，卻都代表自己。她的性格多變，能彈性轉換各種角色，在不同的場合、不同的事件，和不同的人相處，就會呈現不同的宮廷人物形象。

在56張小阿爾克納牌裡，相較於四元素的數字牌是呈現真實世界的樣貌，宮廷牌描繪16種人物性格，需要藉由人際互動去感受，也要透過自我覺察去體會。這16張牌可以幫助我們理解真實人性，是自我性格的某個面向、某一瞬間，也是身邊來來去去的每一個重要他人。

權杖侍者

初生之犢不畏虎，勇於嘗試的冒險家

牌義關鍵字

好奇冒險、關於行動的新訊息

純真無畏、願意嘗試錯誤

我勇敢無懼，純真無畏，像個充滿好奇心的孩子，在這個五花八門的世界裡闖蕩遊歷。內在本能驅使我前進，什麼都那麼新奇有趣，吸引我的注意力，我也不會只甘於看看就好，一定要動手摸摸，直接實驗嘗試，身歷其境，才肯罷休。偶有跌倒闖禍，偶有受傷受挫，但這一點都不會澆熄我探索的熱情。人生不過如此，世界卻這麼大，用力玩，勇敢闖，才不枉活過這一回。

權杖侍者就像個天真的孩子，而且特別調皮，勇於在未知中嘗試、犯錯，沒有什麼能阻擋他的好奇與勇敢，也關不住他想要冒險的那顆心。如果要他乖乖待著，做些靜態的學習、內心的反省，或者默默地觀察，那對他們來說簡直是酷刑，也是一個巨大的牢籠，他們的熱情和行動力，需要直接發洩，好奇心需要被滿足，如此他們才會充滿生命力。

隨著年齡的增長，我們在行動之前常常會多些顧慮，瞻前顧後，綁手綁腳，甚至礙於面子，害怕犯錯失敗，因此舉足不前，猶豫不決。權杖侍者卻從不擔心這些。犯錯對他們來說並沒有什麼大不了，只是經驗的一部分，受挫也只是家常便飯，怎麼會構成阻礙，讓他們停止冒險呢？對他們來說，好玩有趣最重要，過程更勝於結果。

熱情洋溢的權杖侍者，有時候帶來行動/創造的訊息。他告訴我們，現在可能有個新的機會，某項計畫正在逐步聚焦，就等待你去積極行動了！如果按捺心中的火苗，如果只想不做，這對權杖侍者是最難受的事。憑著本能行事，即知即行實踐創造，勇敢無畏地冒險犯難，這就是權杖侍者的人生觀。

我有很多女性個案在愛情占卜時會抽到權杖侍者。她們通常是成熟的女性，也有一定的事業基礎，就是感情還沒有著落。她們心中渴望愛情，卻又受困於傳統觀念對女性的成見，例如要被動、矜持、莊重、賢淑等限制，讓她們想愛又怕受傷害，同時也擔心如果這次又錯愛，還剩下多少青春可以浪費蹉跎？當我建議她們做個權杖侍者，通常第一時間就會被否決，她們不相信自己還能像個孩子一樣，為了好奇而冒險探索，為了好玩而快樂滿足，為了愛而愛。一旦愛情被加諸了框架與條件，就變得僵硬死板，綁手綁腳，沒有生命力。重拾孩子般的天真無畏，勇敢嘗試，愛情世界之大，需要權杖侍者的冒險精神，才能樂在其中。

權杖侍者的日常覺察

1.我願意保持赤子之心，把所有難關當作遊戲般輕鬆看待，幽默面對未知與挑戰？

2.我願意挑戰過去的自己，把握機會積極嘗試，在實作中累積經驗，不害怕犯錯？

3.我相信本能直覺，順從內在熱情，好奇與渴望會帶著我闖蕩世界，遊歷精采的人生？

權杖侍者的正念心法

1.我勇敢無畏，冒險犯難，凡走過必留痕跡，親身經歷過後更加踏實珍貴。

2.雖然我歷練有限，但我相信經驗是在錯誤中慢慢累積，挫敗總是伴隨著成長。

3.面對瞬息萬變的環境，我願意保持開放，懷抱孩子般純粹的心，嘗試各種新鮮的事物。

權杖騎士

享受征服的喜悅，勇往直前的戰士

牌義關鍵字

樂觀積極、質樸率真

勇於挑戰、充滿行動力

跨上的疾馳的良駒，我大聲吆喝，策馬奔騰，沿途的景象我完全不在意，任何阻撓我都不放在眼裡，只有那閃閃發光的獵物，深深吸引我的注意。緊盯著目標，卯足全力，奮勇追趕……熱切的心驅策我不斷前進，我不畏懼任何阻擋，也從不輕言投降，更停不下那電掣風馳般的馬蹄。計畫持續進行，直到狩獵豐收，然後再追捕下一個獵物。

權杖騎士是宮廷牌人物裡面最具有行動力的代表。他即知即行，勇往直前，卻帶有一些魯莽，如《水滸傳》裡奮勇打虎的武松，不知畏懼為何物，心頭一熱，拳頭一硬，就直接開戰啦！大部分人在面臨艱難的任務之前，多少都會猶豫不決，仔細評估成敗效益，但權杖騎士則是越挫越勇，也沒在顧慮別人的感受，只要心裡想做，就會盡全力達成目標。

權杖騎士是火元素裡面的行動派（火中之火），他們成天追著獵物跑，跟著目標前進，幾乎沒有停下腳步的時候。就像蜜蜂追著花蜜，獅子追著羚羊一樣，權杖騎士出於本能的追逐，有時並不一定有太深奧的理想或複雜的心思，僅憑著心裡的一把熱火，就足夠他們追到天涯海角。只要獵物尚未到手，他們不輕言放棄，兵來將擋，水來土掩，有時即使是路過的閒雜人等，也會跟著遭殃。因為他們太聚焦在內心想要的，難免會忽略周圍其他重要的事，甚至也會不小心傷及無辜。

但權杖騎士的熱情如火卻是很多人缺乏的。如果你問建議時抽到權杖騎士，代表你可能想太多了，與其瞻前顧後導致猶豫不決，很多事情去做就成功了一半。當我們被頭腦蒙蔽，被情感羈絆，而無法勇往直前時，權杖騎士為我們帶來積極行動的力量，顧慮太多成就不了大事，莽撞一點，甚至不用顧及禮貌，反而可以為未完的計畫帶來推進的力量，而往理想更近一步。

曾有一位媽媽個案，想要跟我一樣舉家搬遷到東部定居，卻遭到長輩堅決反對。她是一個乖巧聽話的媳婦，從不敢違背公婆的意見。自從孩子出生，彼此間的教養觀念差異，讓他們夫妻備感壓力，加上他們都想要歸隱山林，帶著孩子自己種菜吃，所以夫妻心裡始終懷抱著花東夢。但是每次一提出搬家的想法，就會和長輩爆發衝突，讓這位媽媽感到非常兩難。諮詢中提到要如何突破這個困境？她抽到了權杖騎士，看來這件事情要有所進展，必須拋棄所謂的禮數教條，要不顧一切地衝撞，未經思考地快速行動，如果想要面面俱到，讓所有人都滿意，那是不可能的，因優柔寡斷而遲遲無法決定，也會讓這個計畫更難以實現。

權杖騎士的日常覺察

1.在我不顧一切奔向目標的同時，是否忽略了週遭他人的感受，或有些事情處理得較為粗糙，造成不必要的疏失？

2.在追求理想的同時，也不忘提醒自己欲速則不達，需要按部就班，謹慎小心？

3.與其猶豫不決原地踏步，我更傾向當個拼命三郎，靠雙手打下自己的天下？

權杖騎士的正念心法

1.我不畏懼任何困難，追夢的途中遭遇阻撓是無可避免的，重要的是我無比的勇氣。

2.面對生命的挑戰，我採取主動的態度，積極面對不逃避，勇敢應戰不退縮。

3.我有勇往直前的衝勁，在移動間充滿生命力，堅持到最後一刻，未達目的不罷休。

權杖王后

看見事物的光明面，帶著直覺樂觀行事

牌義關鍵字

善用直覺、財運提升
光明愉快、親切樂觀

我擁有獅子般的熱情與欲望，又擁有黑貓的敏感與直覺。我將火與水融合於無形，善用陰陽兩極的特性，形塑我樂觀正面的人格。有我在的地方總是充滿歡樂，因為我就是眾所矚目的太陽，為所有人帶來溫暖，也照亮了黑暗，讓世人看見事物的光明面向。我質樸又充滿活力，敏銳又富有覺知，有誰能夠不喜歡我？

權杖王后帶著火元素的熱情與行動力，同時又擁有成熟的陰性特質。她就像質樸樂觀的農家婦女，富有創造力又多產，但也不乏陰性的敏感直覺。權杖王后石座扶手上的兩隻獅子顯示這張牌對應占星的獅子座。就像獅子座的人一樣，也如同權杖王后手上的向日葵所示，他們就像是熱情的太陽，帶來正面樂觀的力量，他們親切愉悅，使周遭的人們不知不覺就感染上歡樂的氣氛。

權杖王后腳下的黑貓，代表他們敏銳的直覺力。他們透過感覺行事，加上火元素的積極主動，幾乎是想都沒想就去行動了。直覺幫助他們避開危險，他們總是幸運，所以也特別正面思考，好像生命中的壞事都不會發生在他們身上。權杖王后因為正面的人格特質，到哪裡都受到歡迎。在感情關係上他們大膽且主動，直率又誠實，屬於勇敢追愛那一派，對於性的渴望也大剌剌地毫不掩飾。

傳統牌義上，權杖王后也代表財運的提升。因為他們善用直覺，積極創造的人格特質，再加上精打細算、保守穩健的本性，基本上就是理財的高手。如果你最近有些財務上的規畫，權杖王后將為你帶來樂觀的「錢景」。

　　每當陷入自我批判時，權杖王后就會出現，為我加油打氣。身為一個自我要求甚高的人，人生最大的阻礙常常是自己，明明已經做得很好了，還是會擔心東、懷疑西的，深怕有什麼沒有注意到，不知真實情況是否如我想像？權杖王后提醒我正面思考的重要性，如果意識到什麼不對勁，敞開自己的心，讓直覺引路，積極正向地處理問題，樂觀面對不確定，勝利對權杖王后來說，根本就是手到擒來，不費吹灰之力。權杖王后讓我發現，客觀評估現實面大多沒有什麼問題，最壞的就是我的負向思考，想太多了絆住自己。可能是星盤中缺乏火元素，我很少抽到權杖宮廷牌，在決定開始著手寫下這本書的期間，我在塔羅課裡和學員一起占卜自己代表哪位宮廷人物，我第一次抽到權杖王后。在那之前，許多靈感徵兆以不可思議的頻繁程度進入我的生命，而我竟然跳脫過去自我懷疑的習性，完全沒有任何猶豫，就直接開始積極創作書寫，始終相信自己一定做得到，著作也可以順利出版。

權杖王后的日常覺察

1.我是否習慣成為眾人的焦點，無形間將自己主觀的想法加諸他人身上？

2.我是否喜歡主導整體氣氛，習慣透過控制影響他人的決定或關係的走向？

3.我願意看見事情的光明面，同時也分享所見，開放心胸接納新的經驗？

權杖王后的正念心法

1.我接受生命的各種發生，用正面的角度解讀任何事情。

2.我隨時保持樂觀與愉悅的心情，並將這份溫暖帶給身邊的人。

3.我透過直覺行事，凡事不拖泥帶水、猶豫不決，相信幸運總是圍繞在我的身邊。

權杖國王

從經驗中淬鍊自信，充滿創造力的專業職人

牌義關鍵字

謀定而後動、富有創造力

擇善固執、經驗豐富

我歷經風霜艱難，歲月在我生命記憶裡，刻畫下斑斑痕跡。所有歷練，都成了我寶貴的經驗。我深知世事無常，豐功成就得來不易，每次的挫敗都是珍貴的學習，一次又一次，我跌倒了又爬起來，終於創造了一個我個人專屬的經驗法則。經驗之上，我堅守信念，沒有人可以動搖我，也休想說服我。能走到如今的地位，可以深受景仰尊重，就是因為我的擇善固執，堅持原則永不妥協。

權杖國王就像是電視節目上被採訪的專業職人，在他們的職涯裡，經歷過無數天災人禍、突發狀況，但是他們終究都挺了過來，那些因應意外事故的經驗，成了他們最寶貴的資產，也淬煉了他們的智慧。權杖國王的專業，來自於經驗的累積，關乎個人的生命歷程，獨一無二而無法取代。

也因為如此親身真切地走過一遭，權杖國王在困境中領悟了處事的方法規則，用血淚汗水滋養了夢想的花園，也開創出一條自己專屬的成道之路。所以權杖國王通常有些固執，在他的專業領域，「不要教他/她，你應該怎麼做！」這可是觸犯禁忌的踩雷舉動，他們以豐富的經驗為榮，也因此有了輝煌的成就，怎麼輪得到非專業來指手畫腳呢？

權杖國王能擁有現在的身份地位，並非僥倖也絕不只是幸運。他們是火元素的王者，在經驗尚未成熟的階段，也是充滿熱血、義無反顧向前衝刺，偶有莽撞犯錯，偶有灰心喪志，但他們不是只有三分鐘熱度，能有今日的登峰造極，需要絕對的自律，務實地開創、持續自我超越……直到他們得以駕馭內在狂熱的火焰，才能在專業領域充滿自信，閃閃發光。

如果想要諮詢建議時抽到權杖國王，代表目前遇到的課題必須用經驗判斷處理，可能是你過去累積的學識、曾用過的方法，或是經歷過的事件，都可以成為你的養分，協助你面對當下的困境。我曾有個諮詢個案某天異想天開想要創業，跳到一個完全陌生的領域，從零開始。當建議出現了權杖國王，提醒他還是要以過去的經驗為根基，拋下一切重新來過，或許看起來很浪漫，卻不切實際。所有經歷過的一切都深具意義與價值，在這樣的基礎之下去發展，才會讓新的創造根植穩固，得以在經驗的養分下成長茁壯。

權杖國王的日常覺察

1.我能將內心熊熊的熱情，轉化為務實的行動策略，並且在經驗的基礎上，創造自我的價值？

2.即便經驗再豐富，我仍開放各種可能性，願意嘗試其他做法，保持彈性，因應未來的挑戰？

3.我自信滿滿，坦率正直，仍須小心避免因固執或武斷的想法，而限制了進步的空間？

權杖國王的正念心法

1.我謹慎自律，嚴肅看待專業，一絲不苟，不管過程多辛苦，都願意堅持勇敢，咬牙撐過所有難關。

2.我積極樂觀，在經驗中反省並創造，從中找到自己無可取代的核心價值。

3.無論已經多有成就，我仍保持謙遜與開放，持續不斷地開創新的可能性。

聖杯侍者

求知若渴，充滿好奇心與想像力的浪漫份子

牌義關鍵字

想像力豐富、人際關係的新訊息

好奇心強、好學不倦

我是擁有浪漫情懷的文藝青年。我的想像力豐富，敏感又善解人意，對人充滿熱情，願意慷慨付出，也不吝於給予關愛。抽象思考可以滿足我的幻想，我對知識充滿熱切的渴望，也願意下功夫努力學習。我永遠懷抱著赤子之心，好奇心驅使我不斷前進，學習新的知識，透過冥想與沉思，獲得靈性的啟發。

聖杯侍者就像是個充滿好奇心的小孩，他想像力豐富，喜歡抽象思考，所以舉凡藝文類的資訊，他都不願放過，有關精神層面的知識，他都願意學習。比起其他三種元素的侍者孩子般的任性不羈，聖杯侍者顯得特別穩重，知書達禮。即使經驗不足，也不會莽撞誤事，心裡再好奇，再想要冒險嘗試，也不會因一時衝動去鋌而走險，鑄下大錯。

聖杯侍者也是個善體人意的角色。他敏感體貼，善良熱情。從不吝嗇付出給予，也無條件地釋出善意，關懷他人，因此他們在人際關係上是非常討喜成功的。此外聖杯侍者也帶來人際關係上的新訊息，當你抽到這張牌，有時會收到朋友的信件或電話，也可能有聚會邀約、新的夥伴關係、新的戀情……進入你的生命裡，所以可以藉此機會，好好把握感情的進展，拓展你的人脈。

聖杯侍者是水元素裡面的風元素，所以喜歡透過思考的方式去理解情感，因此常常象徵著沉思、靜心或冥想的過程。聖杯宮廷牌的共同特色，就是對靈性成長的範疇充滿熱情和興趣，聖杯侍者更是如此，他富有想像力跟創意，透過思索情感的意義，可以協助我們在人際關係上像聖杯侍者那樣不求回報地付出，學習無私的愛。

當我分享塔羅初階課程的時候，我會邀請學員抽一張宮廷牌代表當下的自己，幾乎每次都有幾位學員抽到這張聖杯侍者。他們大多是初學者，懷抱著對塔羅的好奇來到我的課堂上。他們通常也會一邊學習其他課程，可能是占星、靜心冥想或其他自我探索課程。對他們而言，靈性成長是現階段最重要的事，所有可以幫助自己探討內在潛意識，或是提升心靈品質的知識內容與技術，他們都躍躍欲試，積極向學。從他們身上我看見了聖杯侍者的熱忱，還有純粹無私的初衷。

聖杯侍者的日常覺察

1.我藉由反省思索，理解情感交流的軌跡，從中更了解自己，也建立友善良好的關係？

2.想像力帶著我馳騁精神世界，卻不會流於幻想而不切實際，缺乏對事情正確的認知？

3.與人為善之時，我是否有兩面討好的傾向，而忽略自己內心真實的感受與渴望？

聖杯侍者的正念心法

1.我待人彬彬有禮，真誠又熱心，願意無私的奉獻，也主動付出關懷。

2.我擁有獨立思考的能力，求知若渴且好學不倦，透過豐富的想像力，徜徉於知識的汪洋中。

3.在人際交流中我如魚得水，不但能激發我的創意，也讓我感到喜悅滿足。

聖杯騎士

以心為羅盤，想像力為藍圖，追尋心中神聖的理想！

牌義關鍵字

朋友來訪、傳播理念

熱情浪漫、追求理想

我溫文有禮，敏感多情，心中滿懷浪漫的理想，並將信念付諸於行動。傳遞夢想的途中，也許會遭遇千辛萬苦，或者面臨艱險關卡，但我總是以無窮無盡的靈感，用溫和遊說的方式，克服種種挑戰，超越迷惘幻象，憑著內在源源不絕的熱情，持續不斷地追尋心中的聖杯，不厭其煩地傳播愛的理念，至死方休。

聖杯騎士是信念的實踐者，行動派的夢想家。他們彬彬有禮、溫文儒雅、親切待人，同時又兼顧行動力。他們心中有張夢想的藍圖，要如何行動，積極地落實，都已經在腦海中擘畫成形，所以他們不僅有空口說白話，或畫大餅來爭取他人認同，他們還兼具執行的力量，將理想顯化為真實的決心。

聖杯騎士對於人和人之間的互動相當敏感，也喜歡與人溝通交流，傳揚闡述自己的想法理念，甚至說服他人加入自己的行列。他們重視人情，也樂於與人建立良善的關係，他們所到之處總是受人歡迎，帶來和人際有關的訊息。他們追尋的有時是抽象的信念，往往也是人與人之間親密美好的連結。因此，聖杯騎士也象徵著朋友間友善的拜訪和邀約。

聖杯騎士就像童話故事中的白馬王子（當然也會有女性），他們是夢想的追尋者，懷抱著熱血與浪漫的信念，一路披荊斬棘，傳播理念想法，遊說各種不同意見的人。他們樂此不疲，從不覺得辛苦疲憊。當遇到困難的時候，他們總是可以運用超凡的想像力去化解跟穿越，就像故事裡的英勇王子，總是可以運用機智，用出其不意的方式打敗惡龍。他們追尋聖杯（夢想）的道路或許永無止盡，但只要心中熱情不滅，他們就會繼續追夢，直至尋到圓滿理想的寶藏。

開始出來教課分享塔羅的第一年，聖杯騎士是我的年度代表牌。現在回想起那時候的心情，就像是一個傳教士，只要有人想學，即便只有一個學員，我也會開一對一的家教班，傳遞塔羅知識不遺餘力。比起以前較為被動懶散的我，在這一年開始把塔羅占卜服務當作我的「人生志業」，我不求回報，也不計代價，只希望讓更多人認識這套系統工具，可以從中獲得智慧指引，為他們的人生指點迷津。

聖杯騎士的日常覺察

1.我擁有遠大的理想，懷抱滿腔熱情，同時也願意付諸行動，積極爭取，追尋遠大的目標？

2.我易感多情，注重人與人之間的友好互動，也願意專注於理想的實踐，不因濫情而模糊焦點？

3.在執行夢想之餘，我也不好高騖遠，願意面對現實真相，理性評估問題？

聖杯騎士的正念心法

1.我願意為夢想出征，並且運用豐富的想像力和靈感，解決過程所遭遇的困境挑戰。

2.我帶著愛出發，積極與他人建立連結，透過友善的方式，傳達信念與理想。

3.我相信透過真誠溝通與積極傳遞，就能用實際行動發揮深遠的影響力，可以將善的意念分享給更多人。

聖杯王后

悲天憫人的助人者，溫柔易感的慈善家

牌義關鍵字

強烈的專注力、靈性成長
多愁善感、慈愛關懷、富有同理心

坐在水畔岸邊，緩緩流水一波波漫過腳背，浸潤我的裙擺……在意識與潛意識之間，化身為人與魚的綜合體，在夢境與真實之中穿梭來回，我是充滿愛與靈感的聖杯王后。來自看不見的那個世界，強烈的感知力為我帶來龐大的訊息。我敏感卻專注，放鬆卻強大，透過意志力我可以創造任何你想像不到的一切。從愛出發，對於所有生命，我充滿同理與包容，對於未知的未來，我抱持美好的憧憬。

聖杯王后具有悲天憫人的性格，他們天生易感多情，對他人的處境感同身受，他們慈悲為懷，富有同理心，願意傾聽他人的需求。代表人物例如德雷莎修女、心理諮商師、社會工作者等。牌面上的聖杯王后沉靜專注，雙眼盯著手上的聖杯。這座聖杯是所有塔羅牌聖杯裡，最為巨大華麗的一只，因為這是聖杯王后透過想像力與直覺所創造的產物。

聖杯王后擁有敏銳的直覺力與感受力，但從她專注的眼神，和她用意志力創造的聖杯，我們得以看見她溫暖外貌之下，那巨大的精神力量。聖杯王后從元素上分析，是水中之水，也是塔羅宮廷牌裡面最溫和柔軟的角色，但「柔弱勝剛強」的道理，在聖杯王后身上表露無遺。看似沒有戰鬥力，不具任何威脅性，他們柔情似水，卻能保持彈性，同理各種不同的人生際遇，心如汪洋廣納百川，包容各種情感的表現……這背後需要強大安定的內在為基礎，成熟平穩的性格為支柱，才不至於在紛亂混雜中迷失動盪，仍能持續保持專注，用想像力去創造。

牌面上聖杯王后坐在水邊，石座上的半人半魚生物、隨意漫過腳邊的緩慢水流，在在顯示聖杯王后穿梭水面與水下的世界，是如此的輕易自如。現實與夢境、真實與想像、直覺與創造，都在聖杯王后的轉念之間。他們擁有敏銳的感知力，卻又成熟專注地處理這些繁瑣的資訊，許多別人看不見的、感受不到的，甚至是潛意識層面的徵兆與訊息……他們都可以輕而易舉地接收，透過一次次的專注力的練習，將這些靈感賦予真實的意義，轉化爲可見的成果。

我在某個階段也曾是聖杯王后。有次和同學的催眠演練中，我打開了感知，和土地建立了親密的連結，我開始和自然萬物透過無聲的語言對話。在海邊隨著浪潮一同吐納呼吸；仰望大山學習待人處世之道；聽大樹娓娓道出土地的故事……我可以自由穿梭在眼見的世界與無形的世界之間，在做催眠個案服務的時候，當個案描述他們潛意識的畫面，我閉上眼睛也看見了相同的場景，我們一起帶回另一個世界的禮物和教導，到現實世界顯化落實。當時只有聚焦在感受力的部分，如今看來，透過放鬆卻專注的過程，在潛意識層次獲得的靈感和訊息，並進一步協助日常生活過得更如實合一，這才是聖杯王后帶給我最寶貴的學習。

聖杯王后的日常覺察

1.比起實際的行動，我更傾向於用心去感受？並且善用想像力去創造？

2.精神方面的滿足對我來講極其重要，遠遠超越於物質欲望的追求？

3.在運用直覺與敏感度的同時，我是否不忘從務實角度去平衡，看見世事的全貌？

聖杯王后的正念心法

1.我重視人與人之間的情感流動，能同理他人的感受，體諒他人的處境。

2.我善用強烈的感知力與敏銳的直覺，透過專注的力量，將想像顯化為真實的成果。

3.我重視心靈的成長，對精神世界充滿好奇，在神秘學領域深具天賦。

聖杯國王

平衡於理性與感性之間，慈悲為懷的宗教家

牌義關鍵字

學識豐富、理性感性兼具

慈悲為懷、注重傳統價值

我處變不驚，穩重誠懇。長久的經驗教會我，凡事不需要急著去說，趕緊去做，即便有再好的理念想法，都要在適切的時間點，潛移默化之下，慢慢分享給懂得尊重與珍惜的人。我喜歡探索內在無形的世界，窮盡一生都在追尋真理，用研究的態度滿足強烈的好奇心，從中獲得喜悅及成就。我忠誠地捍衛內在信仰，堅守靈魂的使命，將傳統價值傳遞給群體中每個人，也呼籲大眾一同守護宣揚，讓這個世界更加美好。

聖杯國王是穩重成熟的人。但他並不世故油條，自始至終都懷有浪漫的濟世情懷，持續實踐遠大美好的夢想。他們即便有滿腔熱血，也不莽撞躁進，或是流於情感氾濫，最終一無所成。他們用一種務實的態度去落實理想。聖杯國王是很有經驗的靈魂，他們知道空有情感成不了事，再大再美的理想都必須踏實去完成。如果只是像路邊發傳單那樣的亂槍打鳥，喊喊口號，是沒有效益也不受尊重的。他們深知自己的價值，相信只有懂得尊重的人，才值得他們去分享所知所學。

聖杯國王擁有強大的靈魂。雖然他們看起來文質彬彬，低調溫和。他們的穩重來自於內在世界的寬闊，這並非一蹴可幾，除了長期累積的自我探索與靈性成長之外，他們的對知識的好奇心，還有對真理的渴望，造就了他們山一般的胸懷。他們充滿想像力又冷靜沉著，慈悲為懷又成熟穩重，可謂是「理性」與「感性」的完美交融。

聖杯國王就像是位有經驗的宗教領袖，他們領導眾人的方式絕不會強勢逼迫，而是用懷柔教化的方式，宣揚他們的理想。想要有效率且廣泛地分享信仰，空有熱情是沒有用的，還需要理性的分析規畫，透過循序漸進的方式，按部就班地將理念信仰「組織系統化」，才能讓這套價值觀發揚光大。

有很長一段時間，我在課堂和學員一起演練的時候，都抽到聖杯國王代表自己。那時候的我，已經從聖杯騎士晉身成國王，比起分享理念觀念，我更傾向有邏輯地去建立知識架構，不僅只有滿腔熱情，我知道要透過策略性的規畫和循序漸進的行動，才能讓理想付諸實現，例如每個禮拜出一篇牌卡測驗，或者定期分享一些占卜基本觀念，讓大家透過我的文字更認識塔羅牌，建立正向的理解。成為聖杯國王之後，我發現肩頭上多了一點責任，於是把工作重心放在教學上。除了自我精進，提升課程內容，還將知識重新組織架構，變得淺顯易懂，才能發揮更大的影響力。

聖杯國王的日常覺察

1. 我願意無私分享，對於需要幫助的人，也沒有分別心地去付出關愛？

2. 我將知識學問用來服務群體大眾，而非滿足一己之利，達成個人成就？

3. 我擁有遠大的夢想，同時言行合一、積極落實，展現自己的領導力？

聖杯國王的正念心法

1. 我將豐富的想像力，透過有組織架構的執行創造，化為實際的影響力。

2. 我願意將寶貴的學問知識、靈性感悟、生命體驗，分享給那些懂得尊重的人們。

3. 我情感成熟，理性冷靜，知道如何滿足他人與自我的內在需求，同時領導大眾一起散佈善的種子。

寶劍侍者

傾聽風中的信息，搜集資訊並迅速傳遞

牌義關鍵字

光說不練、帶來危機

新的資訊、刺探敵情

我像風一樣飄忽不定，迅速敏捷。漫天資訊在空中飛快傳遞，我機警敏銳，立刻嗅出位置與方向，擷取我所需要的，再傳送出去。我的思緒像是天上的白雲，隨著風勢而瞬息萬變。我靈巧應對身邊的事物，甚至可以一心多用。我創意十足，鬼靈精怪，想法點子特別多，卻如同風一般稍縱即逝，誰也抓不住。

寶劍侍者是風元素特質非常強烈的代表。想想風的迅速敏捷、千變萬化、難以捉摸，大概就是寶劍侍者給人的普遍印象。他們通常看起來非常機警聰明，反應很快，對於訊息的理解跟搜集的速度，也超乎常人想像。他們能瞬間擷取大量的資訊，然後分析篩選，再馬上傳遞出去，有點像是八卦資訊站，也像是廣播電台。

在古時候，寶劍侍者就像是傳令兵，得消息靈通，跑得夠快。他們沒辦法實際作戰，也無法統籌戰略，最大的優勢就是風一樣的速度，雲一般的變化莫測。他們也有點像是民國初年的情報員，為了刺探敵情，搜集資訊，必須彈性改變自己的想法跟外貌，除了可以騙過敵人，也讓軍情在這種瞬息萬變的時局情勢中快速傳遞。現代的寶劍侍者就像處理大量訊息的媒體工作者，或者資訊業者，他們必須夠敏銳，才能跟得上時勢的變動。

也因為他們的思緒如此快捷，靈感跟想法都跟風一樣來得快也去得快，所以他們的執行力往往跟不上腦中的變化，有時候會讓人感覺不夠穩重踏實，光說不練。他們對新消息的好奇心與敏銳度，還有處理訊息的快狠準，是他人很難追得上的，但是對於資訊本質的深度了解，以及行動落實的層面，就稍嫌薄弱不足了！

我有一位朋友開通訊行，有一次他占卜工作，代表他的角色就是寶劍侍者。我們都知道電信業日新月異，要跟得上時代的變遷，也要掌握各式各樣的資訊，其他電信業者有什麼促銷優惠、新的行銷方案，他都可以在第一時間掌握分析，快速因應採取行動。看來我這位朋友非常適合這個工作，雖然他已經是老闆了，卻仍擁有寶劍侍者的彈性跟應變力，第一線去打探各種市場訊息，但也因為他較缺乏決策的魄力與執行力，所以較無長期規畫的組織能力，這是他必須學習強化的職場能力。

寶劍侍者的日常覺察

1.我是否擅長思考和說話，腦海中有很多靈感和創意，卻缺乏實際的行動？

2.我常常同時處理很多件事，也有很多想法有待執行，實際上卻沒有一樣完成？

3.我容易陷入過度分析的想法當中，對訊息也很敏感，但卻容易忽略現實的狀況與內心真實的感受？

寶劍侍者的正念心法

1.我充滿創意，心懷夢想，擁有獨到的見解，並且願意將腦中的想法落實，付諸行動。

2.在大量的訊息中我去蕪存菁，迅速分類判斷，並找出優先順序，專注其中。

3.我對於新鮮有趣的事物懷抱強烈的好奇心，同時也能掌握細節，整合重點。

寶劍騎士

不計代價求勝爭贏，衝鋒陷陣的驍勇戰士

牌義關鍵字

強制手段、戰利收穫
暴躁易怒、快速殺戮

我沒有時間停下來，也沒有時間多看多想。我急躁迫切，對細節缺乏耐心，此時千萬別來擋路，刀劍不長眼，傷了誰我可不管！我用最快的速度狂奔，為的就是馬上衝向目的地，搶到戰利品。我的思想像風一樣急速，行動像火一般熱烈，過程中難免衝撞，造成傷害損失，但那有什麼關係呢？我熱愛奔馳衝刺，我熱血火爆，如此，我感到自己活生生的，充滿力量。

寶劍騎士是即知即行的行動派，也是急躁火爆的戰士。他們通常不會太好相處，當他們正在努力奔馳衝刺時，旁人不免遭受波及。例如因為不耐煩所引爆的情緒炸彈，或者由於過於急迫而疏忽禮貌細節，釀成災禍。他們看起來很有目的性，但很多時候他們其實並不知道自己在忙什麼，要跑去哪裡。因為他們通常都還來不及審慎評估，衡量計畫，就像野馬般暴衝出去，所以時常虎頭蛇尾，或雷聲大雨點小。

不過，當目標明確時，寶劍騎士也是劍及履及，勢在必得的。如果他們有想要的，通常就會無所不用其極地去得到，即便得罪他人，或不慎闖禍，也在所不惜。他們就是要速戰速決，馬上贏得他們想要的戰利品，不容得延遲半刻。偶爾一時貪快，鑄成嚴重錯誤，大部分時間他們都可以快速達陣，即使有點小缺失也是瑕不掩瑜。

寶劍騎士的風馳電掣，其實非常有魅力。雖然他們脾氣有些暴躁易怒、時常忽略禮儀細節，不太顧慮他人的感受，在人際關係上不夠隨和圓融……但他們帶有江湖義氣的豪邁直爽，處理事務明快又有魄力，不拖泥帶水，說到做到的模樣，還是挺迷人的。寶劍騎士永遠在變動中奔馳，我們永遠追不上他們的速度，只能遠遠望著他們帥氣的背影，還有驍勇善戰的姿態。

我有一位學生脾氣不太好，老是抽到寶劍騎士，每次課堂上分享塔羅日記，聽到她又抽到寶劍騎士，大家都不禁莞爾微笑。她的確很有行動力，說到哪裡有什麼好吃好玩的，她在一旁就已經用手機上網比價，或者幫大家團購預訂好了。因為個性衝動好勝，也特別容易發脾氣，好在她的情緒來得快也去得快，雖然爆發猛烈常讓人措手不及，還搞不清楚她到底生什麼氣時，她的注意力又轉移到別的事物上了。

寶劍騎士的日常覺察

1.欲速則不達，我急著達到目標的同時，是否忽略其他重要的條件與因素？

2.我是否在忙碌中暴躁沒耐性，任由怒氣隨意潑灑，傷害他人而不自知？

3.為了達到目的而使用的強制手段，是否破壞了人情世故的圓融及和諧？

寶劍騎士的正念心法

1.我是有策略規畫的將軍，當確立目標與方向，我就全力以赴，使命必達。

2.我在匆忙中仍保持耐性，穩定情緒，按部就班逐一執行，落實預定的計畫。

3.在行動中我全神貫注，一次只把一件事情做好，即使有時間壓力仍保持穩定。

寶劍王后

沉著冷靜，等待一刀斃命的關鍵時刻

牌義關鍵字

冷漠難接近、悲傷分離
沉著冷靜、一擊必殺

我是冰山美人，臉上毫無表情，我的理智凌駕於情感之上，你看不進我的心，我也靜默不說話。我就像是一隻躲在叢林裡的豹，理性沉著，耐心等待，沒有人讀得出我的心思，無法預知我想怎麼做，但我總是一出手就命中目標，彈無虛發，一招致命。我的冷靜其實來自於心裡的悲傷與分離，這些感受也沒有人知道，因為我總是默默觀察，與人保持一段距離。

寶劍王后是冷靜沉穩、難以接近的陰性角色。就像是冰山美人，或是作風決斷的鐵娘子，沒有在跟誰套交情靠關係，從不感情用事，說一是一，說二就是二，沒得商量，也絕不讓步。不同於一般陰性人格常有的溫暖包容、喜歡照顧他人，與人建立良好關係的特質，寶劍王后的冰冷讓人退避三舍，不敢輕易靠近。他們是陰狠的角色，大部分時間看似不動聲色，一旦採取行動，那可是一擊必殺，沒人可以逃得過。

他們手上的寶劍筆直向上，不偏不倚，代表他們頭腦清晰理智，判斷事物精準毫無偏差。他們坐在寶座上，高於變化多端的白雲，代表理智早已凌駕複雜多變的思緒，沒有什麼可以輕易動搖他們的穩定沉著。右手的寶劍隨時可以揮下，絕對是一刀見血，直刺要害，沒有絲毫含糊猶豫。

寶劍王后再怎麼冰冷，畢竟還是陰性人格，內心多少仍渴望被愛，渴望美好的關係。他們之所以這麼難以接近，是由於過去不愉快的經驗，造成他們封閉內心，不再敞開相信，這是一種自我防禦機制，也是本能的隔離保護。以理性武裝的背後，其實也有顆破碎受傷的心。但他們從不願意說，只是靜靜地保持一段距離，默默觀察，等待行動的時機。

我有一個朋友跟男友分隔兩地遠距戀愛，她準備國家考試好幾年了，他們規畫考上之後要在同一個城市生活，準備結婚。但這位朋友已經好幾年都落榜，她對考取已經不抱期望，對外也都盡量避提考試的事，但私下仍默默準備，期待金榜題名的一天。我印象很深刻，代表她內心世界的牌面就是寶劍王后。多次落榜讓她失落受傷，剛開始對國考的熱情也隨之冷卻，對結果不再抱持信心。但她仍然沒有放棄，只是態度轉為低調，靜靜等待時機成熟。

寶劍王后的日常覺察

1.因為過往分離失去的經驗，讓我不願意再相信，從此封閉了我的心？

2.我是否不願表達內心真實的感受，以冷漠偽裝自己，切斷與外在的連結？

3.我對人情世故表現麻木，與他人保持距離，但內在的波濤洶湧卻沒人看得見？

寶劍王后的正念心法

1.我尊重內心真正的感受，也承認悲傷受挫的情緒，如此我變得更加完整合一，真實而無所畏懼。

2.愛自己就是包容接納真實的自我，敞開心房才能感受到人際的互動與溫暖。

3.保持理智讓我感到安全，偶爾允許情感流動，我會更自在柔軟，充滿彈性。

寶劍國王

領導統御的將帥，受人信賴的專業人士

牌義關鍵字

領導統御、請教專業人士

犀利判斷、公正客觀

我是統御千軍萬馬的大將軍，需要理智明快地調配兵力資源，也要有運籌帷幄的智謀，還要領兵作戰，發號施令。我一絲不苟，理性公正，對人對事擁有精準的判斷力，也絕不苟且徇私，公事公辦，令人敬佩信服。要統領眾人並不容易，我擁有高道德標準，待人律己甚嚴，說話一針見血，處事明快犀利，如此我才走到今日的地位，坐享專家的美譽。

寶劍國王是四要素的宮廷國王牌裡面，唯一面朝向正，直視前方的一位。他身穿代表冷靜思考的水藍色長袍，中層穿著充滿熱情行動力的紅色褂衫，外裹象徵智慧的深紫色披風，形塑了寶劍國王的人格特質與形象地位。他面無表情，一副大公無私、正氣凜然的模樣，右手舉起鋒利的寶劍，像是隨時要發布命令，展開行動。

寶劍宮廷牌擁有清晰的思維，敏捷的洞察力，寶劍國王又是其中的翹楚。他不似寶劍侍者那樣隨風擺盪、寶劍騎士那般兇狠暴烈，也不會像寶劍王后悶不吭聲，寶劍國王在做下決策之前，早已深思熟慮，在他心中審慎擘畫推演，確定萬無一失，才會展開行動。他就像掌理麾下萬千兵馬的三軍統帥，每個指令背後都經過運籌帷幄、反覆推敲，當他下定決心執行的時候，其魄力與氣勢更是萬夫莫敵。

寶劍國王也常指某些專業領域的資深人士，例如律師、法官、醫師、會計師等等，他們通常受人尊敬信賴，因為他們十分專業不帶有私人感情，見解獨到又一針見血，非常理性專注於工作，又富有領導力跟執行力，一舉手一投足都充滿領袖風範。寶劍國王如果不代表人，通常是提醒我們該請教專業權威了，或直接訴諸法律，諮詢法律顧問。

有一位女性個案遇到婚姻問題來找我諮詢，代表她先生的牌面就是寶劍國王。寶劍國王的性格如果表現在工作上，會是一個非常專業的領導者。但如果在關係裡，就像是一個獨裁的將軍。她告訴我，打從談戀愛開始，她就像是一個乖乖聽話的下屬，不管她先生說什麼，想要做什麼，她都聽從安排。什麼時候結婚，婚禮怎麼安排，結婚幾年生下第一胎……都是按照先生的規畫。但在結婚的第五年，她開創了自己的事業，一夕之間好像突然長大了。她開始有了自己的想法，不願再受對方擺佈，但是寶劍國王還無法適應，於是兩人針鋒相對，婚姻生活就像打仗一樣（代表她的牌面是戰車）。關係怎麼能用劍用刀解決問題？放下致命的武器與想贏的念頭，用心溝通對話，用情軟化對立，才不會兩敗俱傷。

寶劍國王的日常覺察

1.我擅長理性分析，釐清問題鞭辟入裡，但有時稍嫌缺乏感性同理，對於無法邏輯歸納之事感到無所適從？

2.我的腦袋時時刻刻都在轉個不停，卻也不會流於空泛幻想，未經規畫就貿然行動？

3.如果眼前的問題超乎我的能力範圍之外，我是否願意臣服於權威的指示，請專家代為處理？

寶劍國王的正念心法

1.我思路清晰、理智聰明，可以把過去鍛鍊的專業才能，快速應用到眼前的問題上。

2.我擅長組織架構，分配資源，規畫策略，總是能領導團隊攻下戰役，邁向成功。

3.我重視理性思考與邏輯思辨之餘，也同時注重靈性的探索與反省，才能讓冷冰冰的專業多一分情感與溫度。

錢幣侍者

從實作中學習，熟練現實世界的法則

牌義關鍵字

邊做邊學、少年老成

學以致用、觀摩實作

我亦步亦趨，跟著前人的腳步，努力琢磨世間的法則。或許我還年輕，但我必須讓自己看起來成熟穩重。我喬裝成不符合實際年紀的超齡外貌，一副已然懂得江湖規矩的模樣。我模仿著他人看似熟練，其實也只是一邊揣摩一邊演練，彷彿這一切我早已經驗過千百遍。

錢幣侍者是經驗不足的務實主義者。他們看起來通常比實際年齡更加成熟，天生帶有一種圓滑又親切的特質。就像是剛從學校畢業的菜鳥業務，穿著不合乎實際年齡的西裝，跟在資深的前輩身邊，認真仿效他們說話的口吻、處事的態度，還有和客戶「交陪」的技巧。

不同於聖杯侍者出於求知欲的努力向學，錢幣侍者學習的是世間的法則，人與人相處時所必要的世故圓融，他們更加「接地氣」。就算心中有夢，那也絕不是座空中閣樓，而是三年買車，五年買屋、十年之內娶妻生子的務實計畫。他們的學習方式亦非書本理論般的形上抽象，而是在觀摩中實際操作，因此身邊有位「典範」，可以隨時提供他們仿效學習，會是協助他們快速累積經驗的方式。

錢幣侍者的孜孜矻矻、汲汲營營，雖看似有些少年老成又油條世故，但他們卻不惜付出努力，花時間精力投資自己。只要看得見成效，他們願意吃苦耐勞，也會虛心受教，認真學習。許多成功的人士，都走過錢幣侍者的道路，對客戶鞠躬哈腰，向前輩請教學習，就是為了累積更多經驗值，並在這個穩固的基礎之上，一步步地往上攀登。

曾有位朋友要開創新的事業，來找我諮詢占卜，想了解還有什麼地方需要調整注意。當時他有一位合作夥伴就是以錢幣侍者的形象出現。朋友聽了我對角色的敘述，馬上聯想起這位夥伴，他說這位錢幣侍者在創業前期的確帶來許多人脈，一副跟誰都很熟稔的樣子，也好像很了解這項新事業的運作模式。但進入正式營運的階段，他發現這位夥伴其實只是看過別人做了什麼，說了什麼，就依樣畫葫蘆，說得頭頭是道，但他本人並沒有相關的歷練。因為剛開始認識不深，很容易被對方那種看似老練的模樣說服，誤以為他經驗豐富。調整了對彼此的期待，他和合作夥伴的關係也漸入佳境。

錢幣侍者的日常覺察

1.我是否為了迎合世俗眼光，而忽略內在實際的感受？

2.我是否過度追求物質面的成功，而缺乏靈性面的探索？

3.除了仿效成功者的模式，我是否也能開創一條自己的道路？

錢幣侍者的正念心法

1.仔細觀察，用心琢磨，專心一致達成目標。

2.謙卑學習前人的智慧，務實演練現實的法則。

3.在滿足世俗大眾之標準時，仍保有自我的理想，尊重內在的感受。

錢幣騎士

兢兢業業、腳踏實地的務實主義者

牌義關鍵字

認真負責、不解風情

努力工作、實用主義

縱然騎著彪悍的駿馬，我仍小心翼翼，踏穩每一步，慢慢往前行。我的目光如炬，遠遠觀望著目標，審慎計畫每個步驟，兢兢業業不敢大意，孜孜不倦從不偷懶，不放過每個精進學習的機會，從微小處累積經驗，耐心等候時機成熟，直到達成理想與成就的那一天。

錢幣騎士是所有宮廷騎士牌裡面最溫文儒雅的。不同於權杖與寶劍兩位陽剛暴烈的騎士，也不同於滿腔熱血、傳遞理想的聖杯騎士，他的安靜沉穩來自於謹慎務實。跟所有錢幣宮廷牌一樣講究實際，錢幣騎士雖然有馬，明明可以跑得很快很遠，但他仍一步步慢慢地走，因為他必須確定每個行動都是必要且有效益的，他才會把力氣放在上面，不願踏錯半步。

他也十分謹慎，未達目的之前決不魯莽冒險。不像其他騎士那樣被熱情引導著向前盲目狂奔，錢幣騎士的每個行動都在計畫之內。看他的頭盔跟黑馬頭上都長出了麥穗跟綠葉，就知道錢幣騎士多有耐性，願意慢慢等待時機成熟，即便只有幾步路就可以直奔目的地，他還是寧可站在山丘上遠觀計畫，不敢貿然行動。

錢幣騎士就像是坊間的基金經理人、金融業務員、房仲銷售員，他們知道有些事急不得，必須審慎佈局，等水到渠成、因緣俱足，一切就勝券在握了！他們就像孜孜矻矻的工蟻，每天心裡就只惦念著如何把工作完成，所以也容易務實到不解風情，讓人覺得有點無趣。在感情上，錢幣騎士一樣重視實際，比起浪漫多情的聖杯騎士，他們更信守承諾，也更在意愛情是否可以開花結果。

　　我有個女性個案和男友愛情長跑十幾年，前陣子因意外懷孕而倉促完婚，孩子生下來之後她覺得原本甜蜜的兩人世界崩塌了，對方不如以往溫柔體貼，把她捧在手心上疼惜愛護，自己也因為多了母親的身份，不能像單身時那樣自由自在。看她抽到的建議牌是錢幣騎士，我大概知道她遇到什麼樣的難題。過去只有兩個人的戀愛關係，像是活在粉紅泡泡裡，每天演偶像劇。一旦踏入婚姻、為人父母，現實的考驗接踵而來，讓她來不及轉換角色，心態也還沒調適好。學習錢幣騎士的務實，不論是為人妻或人母，都沒有想像中那麼容易，每個過程也急不得，需要一步步慢慢學習，累積經驗。

錢幣騎士的日常覺察

1.在達成目標理想之前，我總是謹慎評估成效，積極制定計畫？

2.我是否過於重視實際的效益，或專注於工作，而忽略生活的情調？

3.我是否有過度認真的傾向，或太在意小細節而忽略了人際的圓融？

錢幣騎士的正念心法

1.我相信只要努力就會成功，天生我材必有用。

2.我全心投入於創造自我價值，持續認真學習，在做中累積經驗，就是為了達到成就理想。

3.我富有責任感，對於份內的工作嚴謹認真，按部就班，信守承諾，說到做到。

錢幣王后

放眼長期效益，樂於付出的自然愛好者

牌義關鍵字

多產豐盛、注重長期利益

精打細算、照顧服務

每當身處於大自然裡，我感覺回到母親的懷抱，扎根於大地，安適自在，身心舒暢。我與身體連結深刻，與土地親密和諧，我悉心照顧自己，也愛護自然萬物。對待身旁的人們，我同樣樂於付出，溫暖關懷。我不在乎短期的成敗得失，看的是長遠的利益與回報。我就像有耐心的園丁，持續澆灌滋養著人們，有朝一日，相信乾枯的沙漠，也會綠意滿盈。

錢幣王后像是一個務實又沉穩的老闆娘，她喜歡與人連結，照顧他人需求，樂於付出關懷，你跟她買蔥送蒜，吃牛肉麵送小菜，她不在意一時的得失，只想跟你建立久遠又良好的關係。事實上，錢幣王后不一定是女性，卻有類似老闆娘一般的熱情好客，他們很務實，心胸寬大，眼光長遠，不斤斤計較，不管男女，都是對人親切，充滿熱情的。

錢幣王后跟自然的連結很緊密。他們熱愛土地，腳踏實地活在這個世界上，當他們走進自然的時候，總會感到怡然自得。他們也熱愛品嚐美食，穿著舒適的衣服，喜歡蒔花弄草，享受富裕的物質生活。他們同時珍視身體的價值，特別注重養生、運動，時時保持健康的身心狀態。

錢幣王后非常有耐性，同時富有遠見，他們對待人事物的態度，就像園丁在培育花草樹木，充滿耐心和毅力。他們絕不是短視近利的人，總是帶著溫暖又和煦的愛，循序漸進地付出，不為求一時成效而勉強心急，因此他們常會給人一種如同母親一般的慈愛溫柔。大自然滋養他們，他們滋養土地，也照顧身旁的人，在這個施與受的循環裡，錢幣王后感到安適自在，身心滿足。

我有一個好朋友是園藝治療師，他在我的塔羅課上抽到錢幣王后，代表他自己。這很符合我對他的認識。他個性溫暖，對待植物跟孩子都非常有耐性，許多看似徒勞無功的努力他都願意嘗試。在長久的經營之下，許多孩子在他的陪伴中明顯進步了，多年來他也培育了更多園療師去服務更多人。當他行走在田野間，你會覺得他完完全全融入自然裡，成為土地的一部分。他向我介紹沿途的植物，嚐起來什麼味道，可以拿來做什麼的時候，就好像在向我介紹他的家人，或是家裡的擺設。他對土地與人的友善與不求回報，最後都會回到他的身上，就像是一棵大樹，扎根於大地，也庇蔭著身邊的萬物。

錢幣王后的日常覺察

1.我擁有健康的自我價值感，出於愛而付出奉獻，並非別有目的或利益交換？

2.如果生活令我消耗疲憊，失去動力，想想是否已經許久沒有親近自然，讓身心好好充電了？

3.實事求是讓我感到安心，但也要提醒自己是否過度斤斤計較，而忽略內在的直覺與感受？

錢幣王后的正念心法

1.我深思熟慮，相信自己的處事能力，所有的投資經營，都會有美好善意的回報。

2.行有餘力之時，我願意幫助他人，在付出中發現生命的價值，並且享受奉獻的喜悅。

3.我喜愛與自然親密連結，帶來滿滿的喜悅與富足，我願將這份豐盛分享出去，回饋給更多有需要的人。

錢幣國王

掌握物質世界的法則，經驗老道的務實主義者

牌義關鍵字

有品味重質感、常識豐富
良好的財務、有效分配資源

我坐擁優渥富裕的生活，注重品味，強調質感。你想跟我聊什麼，我都略懂一些，品酒名車、高爾夫、股票投資、全球財經、政治軍事、旅遊天氣……我雖然不是專家，但只要能提升談判籌碼、有助於交際應酬、能增加生活品味的那些常識，我隨時都能侃侃而談。我懂得賺錢，也懂得花錢，但我不是暴發戶，絕不奢侈浪費，財務分配得妥善得宜，當用則用，當省則省。我的眼光長遠，深具慧眼，當世人只在乎下一餐吃什麼時，我可能已經想到明年可以投資哪一類餐飲業了！

錢幣國王的人格特質，可以在大部分企業主身上看見。他們大多不是專業人士，可以淺聊國際財經走勢，卻會聘請專業理財顧問來幫他們管錢；他們不懂機械，卻知道名牌跑車的引擎機型；他們可能不會看五線譜，卻愛聽古典音樂，收藏經典發燒名盤。閒暇之時周遊各國，到莊園品酒，搭豪華郵輪，探索古文明帝國……他們不是專家，卻是通才，什麼都懂一些。

他們之所以擁有豐富的常識，是因為這對他們「很實用」。舉凡能在應酬時拿來聊天討論的話題，提升品味質感的消遣娛樂，或是能協助整體分析規畫，做出正確商業判斷的那些條件，都可以很「實際」地幫忙錢幣國王，更鞏固他的富裕生活。與其說他們很懂得賺錢，不如說他們在累積個人無形或有形資產方面是相當有經驗的。

所以，錢幣國王長久培養的這些「常識」都來自於長遠的商業眼光。除了個人喜好，還多了許多務實的考量。他們重視生活品味和質感，不吝惜付出也慷慨待人，但他們絕不濫情或鋪張浪費。每筆支出都經過審慎考量調配，精打細算。他們非常懂得分配資源，知道錢要用在有效益的地方，沒有必要的就連一毛錢都不會浪費。

在我的塔羅日記裡，如果當天抽到了錢幣國王，我通常會過得非常充實，將時間、力氣安排得很恰當。早上我可能會去健身做瑜珈，運動完找一間嚮往已久的餐廳好好享受午餐，下午回家努力工作，傍晚去接孩子下課，再到海邊去吹吹風，回家做一頓豐盛的晚餐和家人一起享用，晚上再做幾個遠距占卜個案或教課。這種資源分配得宜、工作與休閒平衡的生活，常常讓我感覺自己是一個大老闆，雖然他們是品酒賞車打高爾夫，我只是看海爬山喝咖啡，但心境上卻是很富足的。的確，我就是自己的老闆，富裕與否不一定等同存摺上的數字，當我珍惜每個當下，過著喜歡的生活，每分每秒都可以過得跟錢幣國王一樣心滿意足，綽有餘裕。

錢幣國王的日常覺察

1.我是否了解自己內在真正的需求，隨心所欲地選擇想要的生活，而非僅侷限於實際的效益與回報？

2.我識時務，同時也近人情，享受成功之餘，也樂於慷慨付出，分享資源？

3.除了舒適優渥的生活，我同時也追求性靈的提升，與情感的滿足平靜？

錢幣國王的正念心法

1.我透過身體力行，勤奮務實努力工作，逐步累積豐碩的成果，享受舒適的生活。

2.我投入工作，也精通享樂，事事都有自己的見解，也涉獵各種生活領域。

3.我擁有絕佳的遠見與商業天份，懂得將資源發揮最大效益，也很捨得投資自己。

用塔羅寫日記：關於生活的 78 種覺察

作　者　孫正欣
社　長　張淑貞
總 編 輯　許貝羚
特約美編　關雅云
行銷企劃　曾于珊、劉家寧

發 行 人　何飛鵬
事業群總經理　李淑霞
出　版　城邦文化事業股份有限公司　麥浩斯出版
E-mail　cs@myhomelife.com.tw
地　址　115 台北市南港區昆陽街 16 號 7 樓
電　話　02-2500-7578
傳　真　02-2500-1915
購書專線　0800-020-299
發　行　英屬蓋曼群島商家庭傳媒股份有限公司城邦分公司
地　址　115 台北市南港區昆陽街 16 號 5 樓
電　話　02-2500-0888
讀者服務電話　0800-020-299（9:30AM~12:00PM；01:30PM~05:00PM）
讀者服務傳真　02-2517-0999
劃撥帳號　19833516
戶　名　英屬蓋曼群島商家庭傳媒股份有限公司城邦分公司

香港發行城邦〈香港〉出版集團有限公司
地　址　香港灣仔駱克道 193 號東超商業中心 1 樓
電　話　852-2508-6231
傳　真　852-2578-9337

新馬發行　城邦〈新馬〉出版集團 Cite(M) Sdn. Bhd.(458372U)
地　址　41, Jalan Radin Anum, Bandar Baru Sri Petaling,57000 Kuala Lumpur, Malaysia.
電　話　603-9057-8822
傳　真　603-9057-6622
製版印刷　凱林印刷事業股份有限公司
總 經 銷　聯合發行股份有限公司
電　話　02-2917-8022
傳　真　02-2915-6275
版　次　初版 6 刷 2024年 8 月
定　價　新台幣 450 元 / 港幣 150 元
Printed in Taiwan

登記證中華郵政台北誌第 376 號執照登記為雜誌交寄

國家圖書館出版品預行編目（CIP）資料

用塔羅寫日記：關於生活的78種覺察 / 孫正欣著.
– 初版. – 臺北市：麥浩斯出版：家庭傳媒城邦分公司發行, 2019.09　面；　公分
ISBN 978-986-408-528-6(平裝)

1.占卜 2.自我實現
292.96　　108013235